B級ご当地グルメ本

静岡

B級ご当地グルメ本

静岡

index map

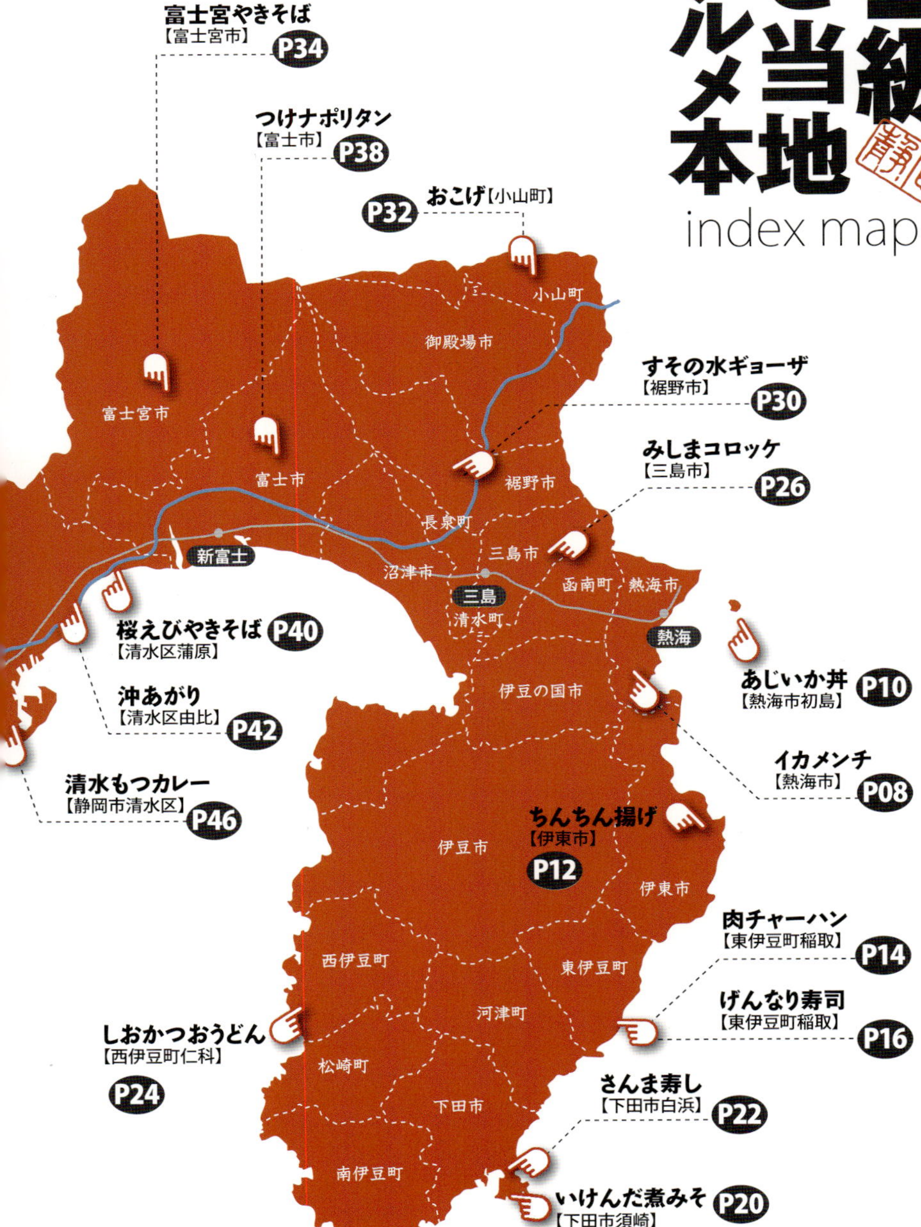

データの見方

住 住所 ☎電話番号
営 営業時間 休 定休日
P 駐車場
HP ホームページ

※定休日の表記は年末年始・お盆休み・ゴールデンウィークの休みを省略しています。
※本誌掲載記事は2010年10月1日現在のものです。
※紹介店は各B級ご当地グルメが食べられる店のひとつとして掲載するものです。
※〈このお店でも食べられます〉紹介店のB級ご当地グルメメニューは内容、価格等店によって異なります。

具が多すぎて
隠れていますが、
そばです。

玉露麺って
ところが
岡部なんです。

トマトバジル
ソースの
尾みくじ付き。

静岡

ご当地グルメ大集合！

A級を超えた！
これぞ、しぞーか人の
ソウルフードだ。

おこげ付き
ソフト
クリーム!?

タクワン漬が
浜松流!

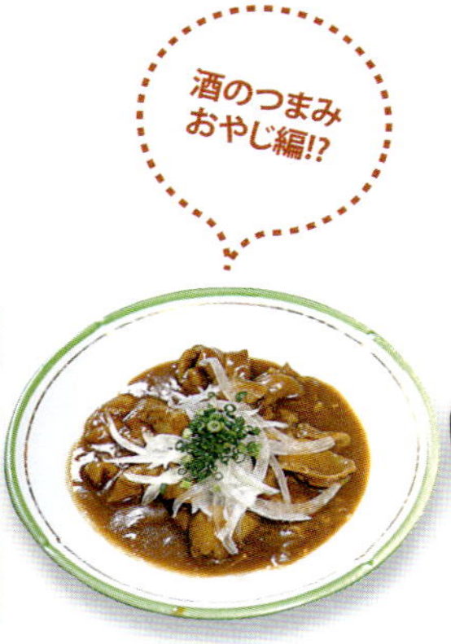
酒のつまみ
おやじ編!?

島のうまいもん、
のせちゃい
ました。

「チャーハン」
イコール
「あんかけ」です。

安くて旨い、地元民がこよなく愛する、ご当地グルメ。
県下35食の自慢の味が、ここに大集結。
どれから食べるかは、お好み次第。
片っぱしから食べつくすも、
毎日1食をゆっくり味わうも、ご自由に。
箸休めに、ちょっとコラムなんぞをつまんでみても…。
そして、「おいしい!」を見つけたら、
本場のご当地へ。あとは「実食」あるのみ。

一口食べれば、
海だァ!!

シシ鍋風、
みそ味に
してみました。

巻頭インタビュー

アツイぞ! 「B-1グランプリ」大盛況!

日本全国、静岡県にも B級ご当地グルメの火がついた。

2010年9月、神奈川県厚木で行われた「第5回B-1グランプリ」には過去最高の約43万5000人もの人が会場を訪れ、全国から集まった46団体のご当地B級グルメを楽しんだという。そして注目したいのは、前大会の入場者数をなんと16万8000人も上回ったという点だ。世はまさにB級ご当地グルメの一人勝ち!? そこまで人々をひきつけるその魅力とは、いったい何なのだろう。B級ご当地グルメの先駆者であり、B-1グランプリの仕掛人でもある富士宮やきそば学会会長・渡辺英彦さんに、その秘密を聞いた。

富士宮やきそば学会会長
㈳B級ご当地グルメでまちおこし団体連絡協議会
「愛Bリーグ」B-1グランプリ主催団体 理事長
渡辺英彦さん

地元で当たり前に食べていた庶民の味が、まちおこしになる!?

B級ご当地グルメとは、本来は、安くて、旨くて、ご当地で以前からごく当たり前に食べ続けられてきた、地元に根付いた食文化のことを言います。ただこのB級ご当地グルメでまちおこしをしようという動きの中で、今はなくなってしまったけれど昔あった食の復刻物や、地元食材等を使ったまったく新しいご当地物も考え出され、これから根付かせていこうというB級ご当地グルメも生まれています。

〈B級ご当地グルメでまちおこし〉。いまこの波が全国に広がり、大きなムーブメントとなっています。事実、富士宮の場合もやきそばが地域ブランドとして認知され、ビジネスとして確立し、雇用も促進され、なにより富士宮を訪れる人の数は富士宮やきそばが認知される前に比べて年間100万人も増えています。その経済効果も莫大です。どこのまちも財政的に厳しい中で、どうもこれは効果があるらしい、地元で当たり前に食べていたそんなものがまちおこしになるのだと、みんなが動き出したというわけです。

ノスタルジックテイストをもつ愛すべきB面

手軽に食べられて、わかりやすい。それでいてよその土地の人から見れば珍しく、知らないものを食べる楽しみがある。B級ご当地グルメは、その土地の味を体験するという体験観光を作り出しました。だからそれが大集合する「B-1グランプリ」には大勢の人がやってくる。また、多くの人をひきつける魅力の一つに「ノスタルジックテイスト」というのもあると思いますね。〈初めて食べるのだけれどどこか懐かしい〉、〈こんな味あったよね〉、〈イイよね〉と思わせるものがB級ご当地グルメにはあるんです。

「B」って、とても深いと思いますよ。決して「A」の次の存在ではない。私は「B」って、レコードのB面(麺)の持つ裏ワザだと思うのです。売れ線はA面だけれど、作り手にとってはB面にスゴイこだわりがあったり、マイナーだけれど愛着があるし、実はツウウケするのはB面とかということもあるでしょ。地味だけれどそういう裏技的なポテンシャルを持っているのが「B」だと思います。これもまた消費者の心に響く。ご当地のB面は安くて、地味なんだけれど味わいがあって、渋くてイイねとなるわけです。

B級ご当地グルメのネタはまだまだあります

静岡県内にもB級ご当地グルメはたくさんあります。すぐ身近で富士宮を見ていたからなおさら、「そうか、それならうちのまちにはアレがある」と、どこの街もピンときた。静岡おでんは富士宮と同じ頃から活動していましたし、浜松餃子も当たり前のように食べられていて、これがご当地グルメだとは気付かないでいただけ。清水もつカレーも、磐田のおもろカレーも、西伊豆のしおかつおも、藤枝の朝ラー(朝からラーメンを食べる文化)も、まだまだたくさんあります。静岡県に限らず、日本全国B級ご当地グルメのネタはまだまだ豊富にあると思いますよ。よく土地の人は言うんですが、「うちの○○○こそ旨い。来てみて食べてみればわかる」って、それでは人は来ないですよね。食べてみたい、行ってみたいって思わせる情報としてその存在を伝えなくちゃね。それができてはじめて地域ブランドとして、B級ご当地グルメとして認知されるということだと思います。

熱海市

イカメンチ

味と湯の宿
ニューとみよし

住熱海市下多賀1472-1
☎0557・67・0017
営11:00〜20:00(19:30 LO)
休不定休　P50台
HPhttp://www.newtomi.com/

一口食べれば、恵み豊かな網代の海!?

熱海市網代は古くからアジ、サバ、イカの水揚げが豊富な良港として知られ、江戸時代には「京・大阪に江戸・網代」と謡われたほど。刻んだイカにアジ、サバ、トビウオなどのすり身と野菜を加え素揚げしたものが「イカメンチ」で、網代に古くから伝わる郷土料理だ。家庭や店ごとに異なる魚や調味料を使うため、実際の味は何百通りもあるという。

網代のまちおこしを目的に「網代イカメンチの会」が発足したのは平成20年9月。現在、認定店は18店舗あり、それぞれの味を食べ比べるのも楽しみだ。中でも下多賀にある旅館「ニューとみよし」のレストラン「かまめし亭」のイカメンチは、新鮮なイカとカンパチを使った、ふわっとした食感に仕上げた昔ながらの味。ここなら宿泊、立ち寄り湯、日帰りプランもあるので、温泉気分で出かけてみてはどうだろう。

「焼イカメンチ」800円。地元名産のだいだいのソースなど、旬の柑橘系ソースでさっぱり（右上）

「イカメンチカツカレー」1200円。衣サクサクのイカメンチカツは、特製カレーとも相性抜群（下）

洋風居酒屋 RIKI（リキ）

住熱海市下多賀1472-1
ニューとみよし内
☎0557・67・4880
営18:00〜24:00(23:30 LO)
休木曜※ほか不定休あり
P50台

どんな料理にも合う証明がココに

居酒屋でお酒とイカメンチを楽しむのもいい。ここ「RIKI」ではイカ本来の風味を生かすため、スルメイカをベースにしたイカメンチを洋風にアレンジ。そのふわふわとした食感と、イカの身のしっかりした歯応えは絶品。「イカメンチ丼」や「イカメンチカツ」もあり、どちらも目からウロコ。不定期で開催される網代の特設市では、他店から「イカメンチバーガー」が登場することもあるらしい。

「イカメンチドッグ」300円。テリヤキソース、タルタルソースで！

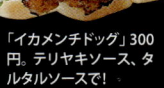

「網代のイカメンチ」600円

潮の香りが揚げたての香ばしさと共に食欲をそそる。プリプリのイカと、やわらかなすり身が絶妙にマッチ

このお店でも食べられます

※メニュー内容、価格は店舗によって異なります。

味里（みさと）
住熱海市網代627-208
☎0557・67・4000
営11：00～20：30　休火曜　P10台

銭屋（ぜにや）
住熱海市下多賀169-2
☎0557・68・3311
営17：00～23：00　休月曜　P5台

立ち呑み酒場
八木鳥屋（やぎとりや）
住熱海市下多賀1424-2　☎0557・68・1047
営17：00～22：00　休水曜　Pなし

熱海市初島 あじいか丼

イイトコどりで、島のうまいもんを豪快に食べる

　初島に着くと、港のそばには海の幸を存分に味わえる食堂がズラリと並ぶ。そこで評判を呼んでいるのが、ふっくらと炊いたご飯の上に、ショウガじょう油などに漬けたアジとイカがたっぷりのった、見るからに食欲をそそる一杯、島の名物「あじいか丼」だ。毎朝漁に出ているので鮮度は抜群。

　初島ではイカやアジが豊富に獲れ、昔からイカ丼とアジ丼が食べられてきた。が、「どっちも両方食べたい!」という客の声があまりに多く、それならば豪快に一緒に丼にのせて、満足していただきましょう!と、「あじいか丼」を生み出し提供したのが「坂下」だ。素材に味が馴染むよう、ショウガやイカを一度冷凍し、程よい具合にさっと漬け込む。ごはんとアジ&イカの間に敷かれた風味豊かな岩のりが、また実にいいのだ。

　「あじいか丼」は初島のほとんどの食堂で味わうことができ、店によって調理法や味付けが違う。またさらに違う種類の魚介ものせた進化系の丼を出す店もある。

坂下

住熱海市初島175
☎0557・67・2182
営10:00〜18:00LO
休不定休　Pなし

歴史からリゾートまで初島には楽しいがいっぱい

　初島は亜熱帯植物も育つ、静岡県で唯一の有人島。熱海の沖合にあり、気軽に島の自然を感じられる場所として人気が高い。釣りや海水浴はもちろん、遊歩道や灯台を散歩して海の自然を満喫したり、由緒ある初木神社で歴史に触れたり、日帰りでも十分遊べる近さがいい。泊りなら、「初島アイランドリゾート」や、会員制リゾート「エクシブ」で優雅に過ごすのもいいし、民宿でのんびりもおススメだ。

観光問い合わせ
初島区事業協同組合
☎0557・67・1400
アクセス／熱海港、伊東港から高速船で約25分

船から見る初島

港近くにある食堂街

「あじ・いか丼」1500円

みそ汁、香の物、小鉢が付く。新鮮なイカとアジにたれが程よく染み、岩のりとともに潮の香りたっぷり

このお店でも食べられます

※メニュー内容、価格は店舗によって異なります。

木村屋

住熱海市初島184　☎0557・67・1476
営11:00～19:00　休不定休　Pなし
HP http://www.hatsushima-kimuraya.com/

大西

住熱海市初島217-7
☎0557・67・1495
営10:00頃～16:30頃
休不定休　Pなし

山本

住熱海市初島201-2
☎0557・67・1490
営11:00頃～17:00頃　休不定休（水・木曜が多い）　Pなし

伊東市

ちんちん揚げ

笑っておいしくいただきます！漁師の母ちゃんが作る家庭の味

伊豆高原旅の駅
ぐらんぱるぽーと

住伊東市富戸1090
☎0557・51・1158
営9：00～18：00　レストランさらduさら／11：00～15：30（季節により変動あり）　※ちんちん揚げは、ぐらんぱるぽーと直営のレストラン、さらduさらで販売。
テイクアウトの「ちんちん揚げボール」は施設内の「イートミー」で販売。　休なし　P200台
HPhttp://www.shaboten.co.jp/granpal-port/

伊東の家庭で昔から食べられてきた郷土料理。港町・伊東ならではの豊富な海の幸と野菜を練り、油で揚げたおふくろの味だ。油に入れたとき「ちんちん」と沸き上がるので、こう呼ばれるようになったとか。魚と野菜がバランス良く摂れるので栄養満点。地元では学校給食にも出され、子どもたちにも好評だ。

ここ「ぐらんぱるぽーと」では、伊東漁港で漁獲量No.1のサバをはじめ、港に水揚げされる新鮮な地魚のすり身に、イカ、ゴボウ、ニンジン、ショウガ、タマネギなどをミックス。つなぎの長芋に至るまで素材を吟味。手のひらサイズに丸め、高温の油でカラッと揚げる。アツアツのちんちん揚げを一口頬張れば、中はほっこりやわらかでなめらかな口当たり。素材の風味が口いっぱいに広がる。ユニークなネーミングで、メニューを見た瞬間、おもわず吹き出してしまう人も多いが、リピーター続出も納得のおいしさだ。串刺しタイプも販売している。

「ちんちん揚げ定食」
850円

青空の下、足湯にグルメにリフレッシュ！

伊豆高原旅の駅「ぐらんぱるぽーと」は食事のほか、休憩やショッピングなど旅の拠点にピッタリ。敷地内には駿河湾の水深687mから汲み上げたミネラルたっぷりの海水を濃縮還元して使用する足湯、小型犬用、中・大型犬用に分かれたドッグラン、相模灘を望む恋人テラスなどがあり、どれも無料で利用できる。ドライブのお供には、テイクアウトメニューの「ちんちん揚げ」3個入り350円、「ちんちん揚げボール」1本300円がおすすめ。

「足湯」でちょっと休憩

ドッグラン施設もある

伊豆高原旅の駅
ぐらんぱるぽーと

住伊東市富戸1090　☎0557・51・1158
営9：00～18：00　休なし　P200台
HPhttp://www.shaboten.co.jp/granpal-port/

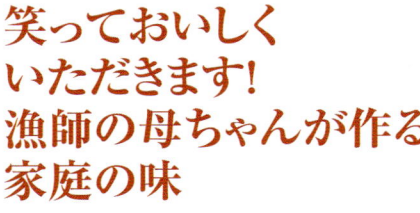

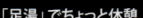

「ちんちん揚げ定食」850円

外はカリカリ、中はホクホク！好みでさっぱりのショウガじょう油、まろやかマヨネーズソースを付けて

このお店でも食べられます

※メニュー内容、価格は店舗によって異なります。

カフェ&ダイニング **PEACE**（ピース）	小室山レストハウス お食事処 旬彩 **つつじ亭**	伊豆シャボテン公園 レストラン **ギボン亭**
住伊東市湯川1-11-14 ☎0557・38・0256 営11:30～20:00 ※金・土曜～22:00、14:00～17:00（喫茶のみ） 休木曜、第3水曜 P契約駐車場あり（サービス券発行）	住伊東市川奈小室山1428 ☎0557・45・1444 営食事11:00～14:00、喫茶9:30～15:00 休なし P176台 HPhttp://www.tokaibus.jp/	住伊東市富戸1317-13 ☎0557・51・1111 営10:30～15:00（季節により変動あり） 休なし P200台 HPhttp://www.shaboten.co.jp/

東伊豆町稲取

肉チャーハン

かっぱ食堂

住 賀茂郡東伊豆町稲取400-4
☎0557・95・2092
営 11:00〜15:00LO
休 水曜　P 1台

「チャーハン=あんかけ」は、稲取の常識

稲取でチャーハンと言えば、当たり前のように「あんかけタイプ」が登場する。玉子チャーハンに、肉と野菜たっぷりのあんがかかるのが定番。「肉チャーハン」と呼ばれるこの料理のおいしさの秘密は、その絶妙なコンビネーションにある。シンプルな玉子チャーハンと、リッチなあんが出合った時の味と食感のバランスが実にいい。食べ方はそのままでも、混ぜてもOK。普通のチャーハンに比べ、野菜が多いので女性にもうれしいヘルシーチャーハンだ。

そんな「肉チャーハン」の元祖は創業50年余の「かっぱ食堂」。先代が生み出した肉チャーハンが地元で評判になり、今や地元料理の代名詞に。祭りや家族の集まりなど、人が集まる場所にはつきもので、なくてはならない存在となっている。現在稲取を中心に食べられる店は、暖簾分けを含め十数軒。それぞれこだわりの味があり、具材もいろいろ。中華だし、和風だしといった違いもあるので、ハシゴしていろいろな味を楽しんでみるのもいい。

親から子へ受け継ぐ愛情たっぷりの味

洋食や中華などさまざまな場所で修業した先代は、戦後の食料が乏しい時代を生きたことから、「おいしいものをおなかいっぱい食べてほしい」という願いでボリューム満点の肉チャーハンを考えたと聞いています。先代の味で育った私ですから、進化しつつも変わらぬ味を目指しています。和食の修業をしてきた私なりの守り方で、肉チャーハンを作っています。

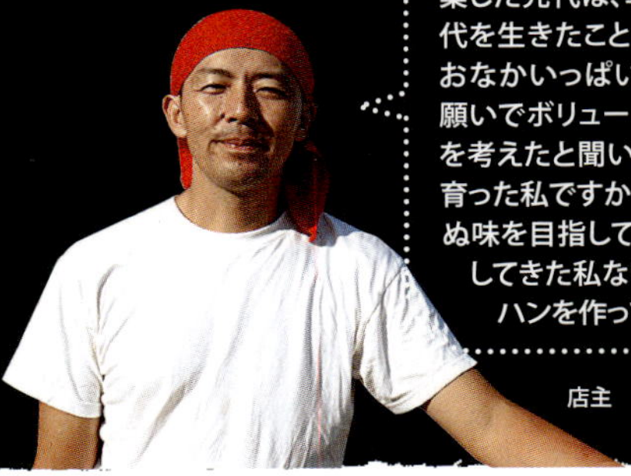

店主　佐藤尚哉さん

「**肉チャーハン**」945円

ハラリとしたチャーハンと、あんが絶妙。
新鮮なキャベツと、豚バラ肉のカリッと
した香ばしさもたまらない

このお店でも食べられます

※メニュー内容、価格は店舗によって異なります。

万福亭（まんぷくてい）
住賀茂郡東伊豆町稲取1502-6
☎0557・95・2961
営11：00～19：00　休火曜　P3台

菊栄丸（きくえいまる）
住賀茂郡東伊豆町稲取1501-4
☎0557・95・2428　営17：30～24：00
休火曜（月曜休みの時もあり）　P5台

東伊豆町稲取

げんなり寿司

茶処 しぐれ

住賀茂郡東伊豆町稲取490
☎0557・95・1099
営11:00〜16:00
休不定休　P5台

「げんなり」するほど稲取の美味を味わえる祝い寿司

伊豆半島の東伊豆町稲取に伝わる郷土料理「げんなり寿司」。稲取では結婚式などの大切な祝い事の際にふるまわれる祝い寿司で、宴席の出席者だけでなく、隣近所にも配る習慣がある。紅白のおぼろ（稲取産キンメダイのでんぶ）、マグロ、シイタケの含め煮、卵焼きと、必ず5個セットで出されるのも特徴だ。

そのやわらかな印象とは裏腹に、驚くのはそのボリューム。一つ一つがとても大きく、さらにそれを5個もひとりで食べなければならないため、「おなかいっぱいでもうたくさん」になってしまう…、つまり「げんなり」してしまうことから、その名が付いたとも言われている。そのほか、幸福が授かる縁起ものとして「縁起（げん）成り寿司」と書かれることも。現在は食べやすい大きさで提供しているものもあるが、江戸時代から受け継がれる、地元の魚を使った漁村らしい、郷土料理が今も続いているのはうれしい。

干物
刺身
煮付け
しゃぶしゃぶ
みそ漬け

絶品の稲取漁港産の地キンメダイを食す

全国有数の水揚げ量を誇る稲取港のキンメダイは、築地でも高値で落札されるほどの名魚。伊豆稲取近海の地キンメダイが持つ濃厚なうま味が引き立つ料理は、げんなり寿司はもちろん、鮮度を生かした刺身をはじめ、しゃぶしゃぶや煮付けなどさまざま。秋からはさらに脂がのり旬を迎えるので、鍋、あら汁で食べるのもおすすめ。

東伊豆町観光協会
☎0557・95・0700

「げんなり寿司」1500円

写真は伝統的な本来の大きさ。通常は食べやすい適度な大きさで提供している。2名～、要予約

伊豆市

天城猪《いのしし》コロッケ

160円

シシ鍋風!? みそ味コロッケ

ウリンボ（イノシシの子ども）の形が愛らしい「猪コロッケ」は、精肉店で出るイノシシ肉の無駄が出ないようにと先代が作ったもの。天城の名物でもあるシシ鍋をイメージしたみそ味なので、ソースがなくてもそのままパクリといける。凝縮した肉のうま味と、根菜との相性も抜群。数に限りがあるので早めの来店がオススメ。

マルゼン精肉店

住伊豆市湯ヶ島234　☎0558・85・0429
営9:00〜18:00（惣菜は10:00〜16:00）
休日曜　P4台

COLLECTION

ご当地コロッケコレクション

庶民の味方!誰もが認める国民的アイドル・コロッケ。ここにもやっぱりご当地ならではの主張がいろいろ。食材はもとよりその姿カタチまでこだわるユニークコロッケ集めちゃいました。

松崎町

川のりコロッケ

120円

香り高い川のりを贅沢に

松崎町の名産「川のり」は早春の時期にしかとれない希少なもの。町内を流れる岩科川と那賀川で収穫した香り高い川のりを、コロッケと合わせたのは創業77年の老舗精肉店。甘みのある新種のジャガイモ「十勝こがね」と、サラッとした脂が特徴の宮城産「えごま三元豚」の挽肉を使用し、味や風味のバランスを何十回も調整した苦心作だ。

アサイミート

住賀茂郡松崎町松崎451-1　☎0558・42・0298
営9:00〜18:00　休日曜、祝日　P2台
HPhttp://www.asai-meat.com/

藤枝市

せとやコロッケ

100〜105円

瀬戸谷のシイタケたっぷり!の3タイプ

藤枝市瀬戸谷のシイタケを使って手作りされ、ソースをかけず食べる「せとやコロッケ」。3つの味があり、「レストランせとやっこ」の鶏挽肉入りの優しい味「やっコロ」と「大久保グラススキー場」の野菜たっぷり中華味「コロ茶ん」は１個100円。「瀬戸谷温泉ゆらく」の濃厚なみそとチーズ入り「ゆらコロ」は1個105円。※写真は「やっコロ」

レストランせとやっこ

住藤枝市本郷876 ☎054・639・0951
営9:30〜16:30(16:00LO)
休月曜(祝日営業、翌日休み) P50台
HPhttp://www.setoya.com/~korokke/

CROQUETTE

下田市

金目コロッケ

150円

キンメのうまみたっぷり

キンメダイ加工品の製造・販売店「福正」でテイクアウト販売。かわいい魚型のコロッケは、主人の母が約10年前に考案。中身はキンメのフレークたっぷりで味わい深く、ソースなしでもおいしく食べられる。箱入りは8個1200円で取り寄せも可能(冷凍)。同店のコロッケを元に、市内の各飲食店でもさまざまな金目コロッケが提供されている。

福正 本店(ふくしょう)

住下田市1-21-23
☎0558・27・0852
営9:00〜18:00
休火曜 P1台

下田市須崎

いけんだ煮みそ

温泉民宿 権兵衛

住下田市須崎865
☎0558・22・3659　Pあり
●宿泊料／大人1名・1泊2食付き7500円（入湯税込）※要予約
●チェックイン／15：00、チェックアウト10：00

地元の海の幸を豪快に食らう漁師鍋

港町・須崎に伝わる郷土料理「いけんだ煮みそ」。かつて漁業が盛んだったころ、爪木崎にある池ノ段の浜で、漁師がとれたての雑魚を鍋に入れ、海藻や野菜とともに自家製みそで味付けをして食べていたものだ。「池ノ段」という地名がなまり、「いけんだ」となった。網にかかったものなら何でも入れるという豪快さから「漁師鍋」とも呼ばれている。

さまざまな魚介類から出るだしはもちろんだが、味の決め手は何といっても、その家に代々受け継がれる自家製みそ。各家庭ごとに味も作り方も違うので、鍋の味わいも千差万別となる。現在では、秋～冬季の名物料理として地元の各民宿などで提供。「いけんだ煮みそ」をメインにした宿泊プランを出している宿もある（問い合わせは須崎民宿組合　☎0558・22・2595）。「温泉民宿　権兵衛」では、キンメダイのほか、須崎で採れたトコブシやシッタカ、精進ガニ、野菜などを入れる。野趣あふれる磯の香り漂う鍋は、ダイナミックで食べ応えも十分だ。

美しい自然が堪能できる伊豆半島の民宿発祥の地

爪木崎は冬に300万本の野水仙が咲く岬。灯台があり、毎年12月20日～1月31日に水仙まつりが開催される。大海原を臨む風光明媚な爪木崎遊歩道は、自然が織り成す印象的な風景に、思わずカメラを構えたくなるほど。恵比須島や九十浜は海水浴や磯遊び、釣りなどで賑わう人気スポットだ。

下田市観光協会

住下田市外ヶ岡1-1　☎0558・22・1531
HP http://shimoda-city.info

爪木埼灯台

爪木崎は野水仙の群生地としても知られている

「いけんだ煮みそ」

宿泊料理からの一品。宿泊料に＋1000円で提供している。伊勢エビ入り（10〜3月）は＋2500円

このお店でも食べられます

※メニュー内容、価格は店舗によって異なります。

御食事処 ごん太
住 下田市須崎1284-1
☎0558・23・1565
営 11:00〜15:00
休 1・11・21日　P 6台

旬の味 ごろさや
住 下田市1丁目5-25　☎0558・23・5638
営 11:30〜14:00、17:00〜21:00
休 木曜　P 5台
HP http://www.gorosaya.com/

ホテルいそかぜ・潮恋亭
住 下田市須崎海岸926
☎0558・22・3407
営 11:00〜14:00　休 なし　P 20台
HP http://www.isokaze.jp/

下田市白浜

さんま寿し

伊豆白浜観光協会

住 下田市白浜2745-1
☎0558・22・5240
HP http://izu-shirahama.jp/

白浜民宿研究会の皆さん

伊豆急物産

伊豆急下田駅（構内A売店）で駅弁「あぶりさんまの棒寿司」500円を販売。
☎0558・22・1205

地元家庭に伝わる伝統の押し寿司

かつてサンマ漁が盛んだった白浜の「さんま寿し」は、保存食として地元の各家庭に伝わる郷土料理。祭りや祝いの際に作られ、各家庭の味がある。その製法は口伝で、作り手の経験と舌が頼り。多くの工程を経て、3日以上かけて完成に至る。そのため魚臭さもなく、甘酢の風味がまろやかで食べやすい。今では白浜名物として売る店も増えた。

白浜民宿研究会では12年ほど前に、郷土料理で地元を盛り上げようと作り始め、各家庭の製法のよいところを取り入れ、現代人の味覚に合わせて仕上げた。各家庭で受け継がれる押し寿司用の箱で押し、サンマのうま味を酢飯に浸透させるのが特徴で、08年には『伊豆大特産市』で大賞を受賞した。研究会の「さんま寿し」が食べられるのは10月1日〜翌年3月下旬。研究会所属の各民宿へ宿泊予約時に申し出れば、食事に組み込んでくれるほか、土産用の購入も可能（受け取り場所は観光協会か指定の民宿。3日前までに要予約）。「河津桜まつり」「アロエの花まつり」などのイベントにも出店している。

ビーチだけじゃない! 自然豊富な白浜の魅力

全国的にも有名な白浜。その名の通り白い砂浜が続き、本土とは思えないほど透明度の高い海は下田の誇りと言ってもいいだろう。海水浴以外にも魅力は多く、三穂ヶ崎遊歩道には古代の祭祀遺跡があり、ハイキングコースがある高根山（標高343m）の頂上は眺望抜群。秋は伊豆半島最古の宮・白浜神社の例大祭、冬は「アロエの花まつり」などが開催され、毎年多くの観光客で賑わいを見せる。

白浜の板戸地区は「アロエの里」とも呼ばれている

下田観光協会

住 下田市外ヶ岡1-1
☎0558・22・1531
HP http://www.shimoda-city.info/

「元祖 白浜名物 郷土料理
さんま寿し」1本450円
完成した日の翌日が食べごろ。今年は新商品
「あぶりさんま寿し」1本500円も登場

西伊豆町仁科
しおかつおうどん

はちのす

住賀茂郡西伊豆町仁科484-5
☎0558・52・2126
営18：00～24：00（23：30 LO）
休水曜　P3台

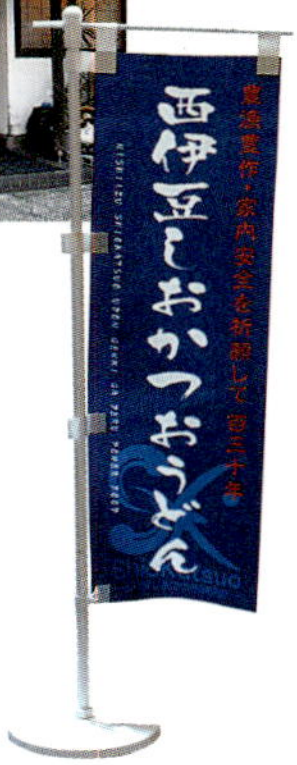

その歴史は江戸時代から！伝統製法のしおかつおをさっぱりと

江戸時代、江戸に献上するカツオ船の船員が、立ち寄った田子港で地元民に製法を伝授したのが「しおかつお」のそもそもの始まり。当時の西伊豆田子地区は、良質なカツオが多く水揚げされる漁師町だったことから、カツオ節作りと共に根付いたのだという。その製法は水揚げされたカツオを丸々1本塩漬けにし、乾燥後、手火山式や焙乾製法という伝統製法によって焼き上げるもので、別名「正月魚（しょうがつよ）」と呼ばれ、地元に愛されてきた。しかし、近年の健康・減塩志向により、地元での消費も減少。そこで地元の若手後継者たちが奮起し、「しおかつおうどん」を考案。見事復活となった。

塩漬けにすることで熟成し、引き出されたうま味成分は、噛めば噛むほど味が出るスルメのようで、茹でたてのうどんに、しおかつお、カツオ節、薬味をのせ、だししょう油を垂らして食べれば、カツオのうま味をとことん味わうことができる。

「しおかつお」はアレンジ多彩な食卓の友

うま味成分豊富な「しおかつお」は、うどん、ごはん、そば、パスタとの相性も抜群。地元の人には、おにぎり、もち、和風パスタなどオリジナルな食べ方でも親しまれていて、ニンニクとの相性もいい。地元の飲食店では、「しおかつおそば飯」、「しおかつお茶漬け」、「しおかつお卵かけご飯」などがあり、リーズナブルな価格で提供している。店舗詳細はしおかつお研究会HPをチェックしよう。

「しおかつお茶漬け」400円
カツオの身をのせ、素材の良さを味わう。好みでショウガやのりをのせても◎

「しおかつお玉子ご飯」380円
まろやかさが加わったしおかつお。仕上げはゴマ油で風味をプラス

「しおかつおそばめし」600円
しおかつおの塩気がいいアクセント。幅広い年齢層にウケる飽きのこない味

「しおかつおうどん」520円

しおかつおとカツオ節のほか、のり、ゴマ、ネギなどで風味豊かに。素材のうま味を存分に味わえる。卵付きはプラス100円

このお店でも食べられます

※メニュー内容、価格は店舗によって異なります。

喜久屋食堂
住賀茂郡西伊豆町仁科803-2
☎0558・52・0514
営10:00～20:00
休不定休　P8台

河津屋食堂
住賀茂郡西伊豆町仁科1111-1
☎0558・52・0049
営11:00～20:00
休不定休　P2台

うらしま茶屋
住賀茂郡西伊豆町仁科2045-3
☎0558・52・0123
営8:30～17:00
休不定休　P20台

◆しおかつお研究会で店検索ができます。▶http://www.shiokatuo.com/

三島市

みしまコロッケ

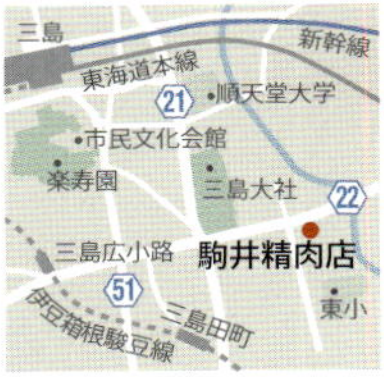

(有)駒井精肉店

住三島市日の出町1-25
☎055・975・3006
営8:00〜18:30
休日曜　P3台

箱根西麓産 三島馬鈴薯100%使用

「外はサクサクッ、中はしっとり！ご当地グルメ」。これが2008年7月に生まれた「みしまコロッケ」のキャッチフレーズだ。コロッケと言えば「ホクホク」というのが一般的だが、これは男爵を使った場合。みしまコロッケは箱根西麓でとれた三島馬鈴薯（メークイン）限定のコロッケ故に「しっとり」。これが実にやさしい味わいなのだ。

みしまコロッケの定義は、この日本一に輝いたこともある三島馬鈴薯を使っていることのみで、ほかにどんな素材を入れても、どんな形にしてもOK。というわけで、ハート形があったり、ウナギ入りがあったり、サンドイッチにしたり、フランス料理にアレンジされたり、117（2010年10月6日現在）の事業所で様々なみしまコロッケが提供されている。もちろん街の肉屋さんでも作られていて、「駒井精肉店」では朝10時半に揚げたてが並び、随時補充揚げを繰り返し毎日300個ほど販売しているとか。ごはんのおかずに、おやつに、まさに地元民御用達の味だ。

「みしまコロッケ」120円。好きなソースをつけて食べることができる

三嶋大社前に「ころっけスタンド」オープン！

2010年8月、大社前の門前通りに「みしまコロッケ」がテイクアウト&イートインできる「ころっけスタンド蘖庵」がオープンした。一番人気の商品はやはり「みしまコロッケ」で、お土産用の冷凍コロッケも販売。店先にはほかに「わさびコロッケ」「桜えびクリームコロッケ」「チーズマグロカツ」「メンチカツ」「黒はんぺんフライ」もある。小さな袋に一つずつ入れてくれるので、門前散歩の途中におススメだ。

ころっけスタンド 蘖庵（ひこばえあん）

住三島市大社町18-2　☎055・983・4701
営10:00〜17:30　休なし　Pなし
HPhttp://www.yamamotofoods.co.jp/

ワサビ屋さんがやっていて、ワサビ商品も販売している

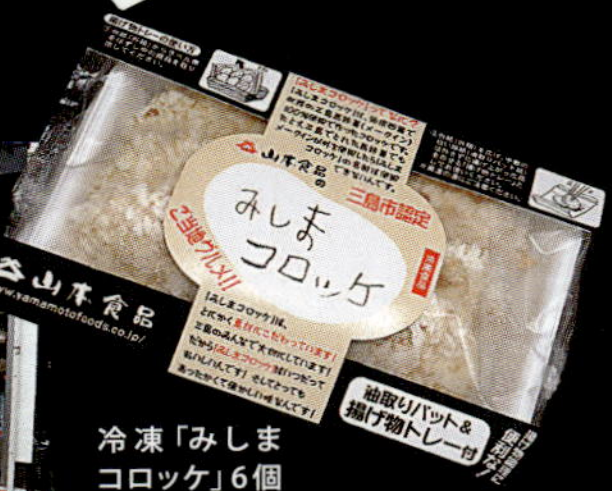

冷凍「みしまコロッケ」6個入り750円

「みしまコロッケ」80円

中身は三島馬鈴薯と豚ひき肉と秘伝の調味料。生パン粉使用のためさらにサクッ度もアップ。ソースなしでもイケる

このお店でも食べられます

※メニュー内容、価格は店舗によって異なります。

旨いもの処 丸平

住三島市中央町4-16
☎055・975・0068
営11:30〜14:00LO、17:00〜20:00LO　休火曜　P4台
HP http://mishima-maruhei.com

和食蒲焼 高田屋

住三島市本町1-41　☎055・975・0495
営11:00〜14:30(14:00LO)、17:00〜21:00(20:30LO)
休水曜　Pあり(駐車券発行)
HP http://www.mishimatakadaya.com

ハートフルダイニング おんふらんす

住三島市芝本町1-1 三島NKビル1F
☎055・991・5670
営11:00〜14:00LO、17:00〜22:00LO
休月曜(祝日営業、翌日休み)　Pなし
HP http://www.life-food.net

◆三島市ホームページよりみしまコロッケ認定店が検索できます。▶http://www.city.mishima.shizuoka.jp

COLUMN

5500食、1万1000個のコロッケ

2010年9月18・19日、神奈川県厚木市で行われた「第5回B-1グランプリ」。全国から46団体が参加し、過去最大となる約43万5000人が会場を訪れたというこの大会で、「みしまコロッケ」は9位入賞を果たした（2009年大会では26団体が参加し、8位入賞を果たしている）。静岡県内からの参加では唯一の入賞だ（富士宮やきそばは投票対象外）。「みしまコロッケの会」のメンバーや、三島馬鈴薯生産農家のお母さん、商工会、市の職員など総勢60人で厚木に乗り込んだ面々は、連日の大盛況に大忙し。なんとコロッケ5500食、1万1000個を揚げ続けたというから、スゴイ。

大盛況の第5回B-1グランプリみしまコロッケブースと表彰式

「みしまコロッケまっぷ」とパンフレット

みしまコロッケ公式ソングなんてものまである

2010年、第5回B-1グランプリ「みしまコロッケ」堂々9位入賞。

おいしい三島馬鈴薯を食べてほしい。その思いから始まった「みしまコロッケ」が、活動3年目の2010年、過去最多の46団体が参加した「B-1グランプリ」で、見事入賞を果たした。そのご当地、三島の街はコロッケへの愛!?で満ちあふれていた。

みしまコロッケの会事務局
三島市商工観光課

☎055・983・2656
HP http://www.city.mishima.shizuoka.jp

コロッケ片手に三嶋大社、源兵衛川あたりを散策するのもいい

おいしさの秘密は「三島馬鈴薯」

「三島特産のおいしいメークインを食べてほしい」。そもそもの始まりはそこだった。その名も箱根西麓産「三島馬鈴薯」。水はけのいい肥沃な火山灰土壌で育てられ、伝統の手掘りで丁寧に収穫、「天日干し」、「風乾」を経て出荷されるそれは、7月の1ヵ月だけの限定品。知る人ぞ知る逸品で、青果市場で日本一の値段がつけられたこともあるというジャガイモだ。そんな地元の美味を三嶋大社や源兵衛川などを散策する観光客に食べてもらおうと考えられたのが、手軽で誰にも馴染み深いコロッケ。市民、商店主、生産者、三島市などによって「みしまコロッケの会」が立ち上げられ、2008年7月、「みしまコロッケ」が生まれた。以来7月1日を誕生日とし、この日を皮切りに各店で一斉にのぼりが上げられ、三島馬鈴薯の在庫がなくなる冬から春ごろにはのぼりが下ろされる。そして続いてスタートするのが三島甘藷を使った「甘藷みしまコロッケ」のシーズン。それが終わるころにはまた、みしまコロッケの季節がやってくるというわけだ。

箱根西麓産
三島馬鈴薯

三島馬鈴薯を生産する農家の畑

地元民に愛され、親しまれて…

取材に訪れたのは2010年のB-1グランプリ大会の直後。その影響もあるのだろうが、三島の街はまさにコロッケフィーバー真っ只中だった。コンビニではみしまコロッケや、コロッケ弁当が限定販売されていて、惣菜おにぎり店はみしまコロッケフェアを開催中。メインストリートにはPRオブジェや、ご声援ありがとうギャラリーもあり…。その光景から、みしまコロッケがいかに三島人に愛され、親しまれているかが、伝わってきた。

街で見つけた「ご声援ありがとうございました」のメッセージギャラリー

裾野市 すその水ギョーザ

モロヘイヤギョーザ！知名度急上昇中！

裾野人は大の餃子好きで、市内には餃子を取り扱う飲食店が多く、家庭での消費量もスーパー級。そこで始まったのが2004年の餃子名物化構想。新しい地場産品を作ろうと、特産品のモロヘイヤとドッキングさせた「すその水ギョーザ」が誕生した。栄養価の高い裾野産モロヘイヤを粉末にして皮に練り込んだグリーンの厚めの皮が特徴だ。ヘルシー志向の現代に合った水餃子というスタイルも、重要なポイントで、2007年「B-1グランプリ」では堂々の4位、2008年には「ばさらかうまか賞（久留米弁：大変おいしい）」を獲得するなど、その知名度は急上昇中！

現在、市内で「すその水ギョーザ」を使った料理の提供や冷凍販売をしている店は30軒以上ある。ここ「旬菜だいにんぐTAKA」の水ギョーザは特製だれにつけて食べるスタイルで、よりもっちりとした食感が楽しめる。また冬期には「水ギョーザ鍋」も登場。焼酎、日本酒、梅酒など豊富な酒とともに味わってみては。

旬菜だいにんぐ
TAKA（タカ）
住 裾野市平松389 SPビル2F
☎055・992・2508
営 17:00〜24:00（23:00LO）
休 日曜、祝日　P 6台

水ギョーザと裾野市の頭文字「す」から名付けられたマスコット「すぅちゃん」

裾野市民の餃子好きは日本一!!

「日本一」と豪語するにはワケがある。市民1万人あたりの餃子の取り扱い店の数がなんと日本一で、かの有名な宇都宮市の4.45軒を抜いて、6.04軒。この数値から日本一の餃子好き！が証明されたのだ。というわけで市内大手スーパーの冷凍総菜売上を見ても、やはり餃子がダントツ1位。添付のスープに茹でた「すその水餃子」を入れるだけの手軽さで、人気を呼んでいる。

「すその水餃子」1kg・スープ8食分入り2100円
●すそのモール
HP http://fuji-susono.shop-pro.jp/

「モロヘイヤ入り すその水ギョーザ」480円

茹でた水餃子をスイートチリソースと、中華香味ソースで味わう。もっちりとした皮と、つるんとした舌触りが美味

このお店でも食べられます

※メニュー内容、価格は店舗によって異なります。

食事処 すその
住 裾野市須山2956-3　☎055・998・1324
営 11:00～20:00 ※金・土曜～23:00
休 水曜　P 20台（大型4台）
HP http://www5.ocn.ne.jp/~meshi

和風レストラン みよし
住 裾野市御宿136-1
☎055・993・5555　営 11:00～22:00　休 火曜　P 60台
HP http://www.miyoshi-res.com

cafe 楽・風（らふ）
住 裾野市佐野786-4　☎055・993・0915
営 11:00～17:00 ※17:00～は要予約
休 日曜、祝日　P 8台
HP http://www.cafe-rafu.com

小山町 おこげ

小山町産コシヒカリ100% 「おこげ」付き ソフトクリーム!?

レストランふじおやま

住 駿東郡小山町用沢72-2
道の駅ふじおやま内
☎0550・76・5258
営 8：00～20：00（19：00LO）
休 12/31、1/1　P 大型42台、
小型62台
HP http://www4.tokai.or.jp/
fujioyama246/

日本有数のこしひかり生産地・小山町。その味をもっと多くの人に知ってもらおうと、商品開発に取り組み、生まれたのが小山町産コシヒカリ100%の「おこげ」。当初、同レストランでは、おこげを使った料理を提供していたが、テイクアウトで手軽に楽しめるものということで再着目したメニューが「おこげソフト」だ。道の駅の戸嶋義昭さんが昔食べた、アイスクリームとウエハースの懐かしい味を胸に開発。生のおこげを高温で揚げているので、香ばしさも食感も抜群。ほのかな塩味が、ソフトクリームのまろやかさを引き立て、口の中で踊るサクサクとした食感が楽しい。

売店では「金太郎おこげ煎餅」420円や、「生おこげ」1000円も販売しているので、家庭でアツアツを味わってみよう。施設内では焼き立てのスイスパンや、朝採り地場野菜、地元ブランドのハムなども販売されていて、24時間利用できる休憩スペースもある。

おこげでいろいろクッキング「ミネストローネ」編

高温でカラリと揚げてだし汁でお茶漬け風に、クリームソースやトマトソースでイタリアン風に、麻婆豆腐やスープ、あんかけで中華風にと、「おこげ」はアレンジ次第で料理の幅がぐんと広がる。そんな中から「レストラン駿富苑」のシェフにミネストローネを伝授してもらった。

おこげ「ミネストローネ」※レストランふじおやまのメニューにはありません。

材料（4人分）

生おこげ 4枚
ベーコン 20g
ニンジン 1/4本
セロリ 1/3本
タマネギ 1/4個
ポワロー（または長ネギ）1/3～1/2本
キャベツ 1/8個
カブ 1/2個
トマト 小1個
ニンニク 2片
トマトペースト 40g
チキンブイヨン 720㎖
ローリエ 1枚
パルメザンチーズ 適量
塩・コショウ 適量

作り方

1 ニンニクはみじん切り、トマトは皮と種を取って3センチ角に切る
2 ベーコン、そのほかの野菜は1.5センチ角に切る
3 オリーブ油でニンニクを炒め、香りを出す
4 3で野菜とベーコンを炒め、トマトペーストとブイヨンを加えて15分煮る
5 塩・コショウで味付けをする
6 200度に熱した油に生おこげを入れて20～30秒揚げる
7 スープを皿に盛り、おこげとチーズを添える

レストラン駿富苑（すんぷえん）

住 駿東郡小山町用沢420-3　☎0550・78・0265
営 11：00～21：30（21：00LO）　休 火曜　P 40台

「おこげソフト」300円

クリーミーなソフトクリームに、サクサクと香ばしいおこげ。歯触りの良さと、ほのかな塩味のバランスがいい

このお店でも買えます

※メニュー内容、価格は店舗によって異なります。

道の駅ふじおやま 売店

住駿東郡小山町用沢72-2　☎0550・76・5258
営7:00～20:00　休12/31、1/1
P大型42台、小型62台

富士宮市
富士宮やきそば

**富士宮やきそば学会
アンテナショップ**

住富士宮市宮町4-23お宮横丁
☎0544・22・5341
営10:30〜18:00(17:30LO)
休なし　Pせせらぎ広場に無料駐車場あり

庶民のやきそばが一躍スーパーアイドルに

静岡県人ならずとも、今や誰でもその名を知るB級グルメ界のスーパーアイドル「富士宮やきそば」。ブームの発端はB級ご当地グルメの祭典「B-1グランプリ」2連覇だ。テレビ、雑誌で次々と紹介され、「チャンピオンを本場で食べたい」と今や市外、県外から大勢の観光客が富士宮を訪れるという。

そんな人気者「富士宮やきそば」の最大の特色は、コシの強い噛みごたえのある「蒸し麺」だ。そこにラードを搾った後に残った「肉かす」を加えることで、独特の風味が生まれ、さらに最後に振りかける「イワシの削り粉」でより香りを高める。ソースは店により異なるが、やや甘め。最近は塩味ファンも多いらしい。戦後の復興期以来、街のあちらこちらのやきそば・お好み焼きの店で食べられてきた地元のやきそばを名物へと押し上げた立役者はなんといっても市民グループ「富士宮やきそば学会」だ。お宮横丁の学会アンテナショップでは毎日200食、休日には約500食のやきそばが焼かれるというから、スゴイ。

「バッヂ」500円、「ストラップ」600円

カップ麺、せんべい、ドロップ、ストラップ…。近々新作も!

とにかくビックリ!ここまで来たか!の「富士宮やきそば」関連グッズ。種類の豊富さはもうまさにアイドルなみ。そこで直撃インタビュー。富士宮の浅間大社近くにあるお宮横丁の土産物店「きたがわ」の人気ナンバー3は何?1位「富士宮やきそばセット」、2位「富士宮やきそばカップ麺」(3種類あるが、具材がレトルトで生麺に近いタイプのものが特に人気)、3位「スナック菓子」(ベビースタータイプが人気)。近々、クッキー、肉まんも登場するらしい。

きたがわ

住富士宮市宮町4-23お宮横丁
☎0544・66・6008
営10:00〜17:30　休なし
Pせせらぎ広場に無料駐車場あり

人気のカップ麺200円〜

「富士宮やきそばせんべい」630円、「富士宮風やきそばスナック」110円、「ハンドタオル」400円、「ドロップス」350円、「ソース」380円

一番人気の「やきそばセット3食」650円

「やきそば」並450円、大600円
麺のほかにキャベツ、細ネギ、肉かす、ショウガの刻んだものが入るのがアンテナショップの流儀。「激香夏麺」、「「冬ソバ唐辛子」、「辛極」といった激辛メニューもある

このお店でも食べられます

※メニュー内容、価格は店舗によって異なります。

富士山にこにこ長屋
住富士宮市山宮517-2
☎0544・58・6485
営10:30〜20:00　休火曜　P30台

渡辺商店
住富士宮市矢立町1000
☎0544・23・3334
営10:30〜17:00　休木曜　P4台

瓔珞(ようらく)
住富士宮市大宮町2-5
☎0544・27・1018
営11:30〜19:00　休水曜　Pなし

◆富士宮やきそば学会HPで富士宮市内に150店近くある認定店が検索できます。▶http://www.umya-yakisoba.com/

COLUMN

「お～それ宮」って、イタリア!?

その店名にまずは「?」。店のスタッフによると、なんでもイタリア語の〈私の太陽〉から変化して〈富士宮の太陽〉。富士宮を盛り上げる太陽みたいなアンテナショップということで名付けられたとのこと。

富士宮地域力再生総合研究機構なるところが運営していて、「富士宮やきそば学会」、「富士宮にじます学会」、「富士宮最先豚学会」、「富士宮みるく学会」、「富士宮エネルギッ酒倶楽部」という5つの団体によって組織されているそう。平たく言えば、やきそば、ニジマス、豚、酪農製品、地酒などのご当地ブランドグルメをPRするための店というわけだ。

お～それ宮

住 富士宮市宮町4-23 お宮横丁
☎0544･68･2080
営10:00～17:00
休なし P せせらぎ広場に無料駐車場あり

ニジマスののぼりが目印

ニジマスの漬けにニジマスの卵と温泉玉子がのった「丼THA鱒」650円

ニジマス、豚に、ミルクに、地酒…。やきそばに続け、富士宮「う宮!」

2010年夏、富士宮浅間大社近くの「お宮横丁」に、富士宮ご当地グルメのアンテナショップ「お～それ宮」がオープンした。店内は「やきそばに続け!」と言わんばかりの、富士宮伝統&新グルメのオンパレード。イートインもできるとあれば、人気も当然。いったいどんなメニューがそろっているのか…。

「地酒試飲セット」（ニジマスフリッター付き）500円

人気の「最先豚バーガー」400円

お土産いろいろ。「ニジマス甘露煮」580円は根強い人気

さすが全国屈指のニジマス生産地！

富士宮とニジマス。ピンとこない人も多いと思うが、実は富士宮市は全国１位の養殖ニジマス生産量を誇っていて、富士山の湧水で育った「にじます」として定評があるのだそうだ。そこで登場したのがニジマスのフリッターをパンにはさんだ「マスバーガー」（P45参照）。さらにニジマスの押寿司「鱒コットキューブ」、ニジマスの漬丼「丼THE鱒」、缶詰めシリーズ「鱒財缶」、「鱒とろ煮」…。以前から土産物として親しまれてきた「甘露煮」や、「曽我煮」（ショウガのスライスを加えて特製煮汁で煮たもの）、「スモーク」、「干物」などもそろい、まさにニジマス大集合。オヤジギャグ的ネーミングも手伝い、楽しさ満載だ。

お土産人気ナンバー1、イケメンキャラクター付きの「柿島ニジオの鱒財缶」1200円

酢〆、スモーク2つの味が楽しめるカワイイ押寿司「鱒コットキューブ」480円

イートインもできる

テイクアウト、イートイン、お土産と自由自在

さてここのテイクアウトで人気を呼んでいるという「最先豚バーガー」をオーダー。萬幻豚の角煮を野菜と一緒にパンにはさんだものだが、肉の柔かさといい、脂のうま味といい、これはちょっとクセになるかも。ほかに市内4つの酒蔵の味が楽しめる「地酒試飲セット」、地ビール「バイエルンマイスタービール」、幻の富士宮やきそば麺が復活した、オリジナルの富士宮やきそばセットなども。もちろんお土産として購入することもできる。近々新メニューとして「みるくラーメン」もお目見えするとのことだ。

富士市 つけナポリタン

Coffee shop アドニス

住 富士市吉原2-3-16
☎0545・52・0557
営 10：00〜19：00
休 火曜　P なし（有料駐車場サービス券あり）

キャラクターのナポリン

店ごとに違う味の食べ歩きを楽しんで

テレビ番組の企画をきっかけに、富士市・吉原商店街発のご当地グルメとして2008年に誕生した「つけナポリタン」。昔ながらのナポリタンを、ラーメンチャンピオンとして知られる「めん徳二代目つじ田」の店主・辻田雄大さんがアレンジし、つけ麺風に仕立てたのが始まりだ。以後、定義を「トマトソースをベースにしたWスープを基本に、麺とスープは別々、具材は自由」と定め、2010年9月現在、41店舗が公式参加店として認定されている。

店の数だけバリエーションがあり、どこに行こうか迷うが、まずは辻田さんから直接指導を受けた元祖「アドニス」へ。毎朝その日に使う分だけ合わせるという地鶏のガラスープと自家製トマトソースのWスープに、具材はとろけるチーズと地鶏チャーシュー、地元産の煮卵など。サクラエビがトッピングされた特注麺にチーズをたっぷりからめて食し、半分食べたら麺にレモンをかけるのがアドニス流。ガラッと変わる味わいに、驚くことうけあいだ。

オリジナルキャラや公式応援団がつけナポをかわいくPR

つけナポリタンをまちの活性化、賑わいにつなげようとする吉原地区のまちづくり組織・タウンマネージメント吉原では、PR活動にも力を入れている。カップに浸かったトマトのキャラクターは「ナポリン」と名づけられ、着ぐるみや携帯ストラップに。2010年2月にはイメージソングやダンスもでき、地元の園児や小学生で結成された公式応援団「ナポリンエンジェル隊」が祭りなどでかわいい踊りを披露し、つけナポリタンのPRにひと役かっている。

2010年7月、富士まつりに出演したナポリンエンジェル隊

イベントにはラッピングバスも出動する

「ナポリン」の携帯ストラップ350円

「つけ富士リタン」850円

替え玉、パン、サラダなどプラスワンメニューも豊富。スープが余ったらライスを足してリゾット風もおすすめ

このお店でも食べられます

※メニュー内容、価格は店舗によって異なります。

Cafe Sofarii

住富士市吉原2-3-19
☎0545・51・3555
営11:30〜23:30　休なし　Pなし

御幸屋(みゆきや)

住富士市中央町1-5-11
☎0545・53・3344
営11:00〜22:00　休なし　Pあり

キッチン・カフェ ZERO

住富士市本町4-8
☎0545・64・0188
営11:00〜21:00　休不定休　Pなし

◆つけナポリタンHPで公式参加店を検索できます。▶http://www.tuke-napo.net

清水区蒲原

桜えびやきそば

鮨処 やましち

住静岡市清水区蒲原3-3-10
☎054・388・2339
営11：00〜21：00
休火曜　P5台
HPhttp://sushi-yamashiti.com

決め手は地元産干しサクラエビとイワシの削り節

富士川の河川敷で干した駿河湾のサクラエビを使い、キャベツやネギなど野菜たっぷり、仕上げに蒲原特産のイワシ削り節をふんわりかけて。地元で手に入る素材を使ったやきそばは、家庭料理として昔から親しまれてきたもの。そんな母の味を商品化したのが、鮨処やましちの山崎伴子さんだ。

富士宮やきそば学会会長の渡辺英彦さんの講演を聞いて感銘を受け、「地元産の食材を使って自分でもやってみたい」と思った山崎さんは、一念発起して渡辺会長をはじめ周囲の人たちに強く働きかけた。その甲斐あって、2008年3月に「桜えびやきそば普及会」が発足。以来、蒲原発のご当地グルメとして各地のイベント出店や、中学生との交流、老人福祉施設へのプレゼントなどの活動を行っている。町おこしの一環としてだけでなく、地元の人たちがさまざまな形で関わり、「桜えびやきそば」を通してつながっていく。そんな温かな交流もB級グルメならではの魅力の一つだ。

レトルトで楽しめる新顔の「いわしカレー」も好評

蒲原からまた新・ご当地グルメ「いわしカレー」が誕生した。これは、肉の替わりに特産のイワシ削り節を入れた、だしの風味豊かな和風カレー。地元では大正時代から80年以上も親しまれてきた馴染み深い味だ。「やきそばの次は、ぜひカレーを」という地元の声に応えて山崎伴子さんが試作に取り組み、2010年5月にレトルトパウチとして製品化。富士川楽座、ゆい桜えび館、エスパルスドリームプラザ、松坂屋をはじめ、東急百貨店、地カレー家などのインターネットショップでも購入できる。

「いわしカレー」
630円（1人前200g）

「蒲原いわし削り」100円（25g）。カレーの上に削り節をトッピングするとさらに風味が増す

「口福ランチ 桜えびやきそば B級ぐるめ」 1000円

やきそばに稲荷寿司が付くセット。サクラエビを増量した「A級ぐるめ」1200円、やきそばのみのテイクアウト500円もある

清水区由比 沖あがり

くらさわや

住 静岡市清水区由比東倉沢69-1
☎054・375・2454
営 11：00～15：00（14：30LO）、17：00～20：00（19：30LO）
休 月曜（祝日営業、翌日休み）
P 12台
HP http://www.sakuraebi.org

心も体も温まる 素朴でやさしい漁師の味

漁から戻った船員をねぎらい、冷えた体を温めるために船主がふるまったのが始まりとされるサクラエビ鍋「沖あがり」は、由比ならではの郷土料理。砂糖としょう油を合わせた甘辛い割り下にサクラエビをたっぷりと入れ、豆腐やネギなど冷蔵庫にいつでもある材料を加えてぐつぐつ煮込むのがお約束だ。漁がプール制になった現在、元々の目的ではほとんど作られないそうだが、かき揚げとはまた違ったサクラエビのおいしさを由比の各店で味わえる。

サクラエビ料理の名店として県外からも多くの人が訪れる「くらさわや」では、1月初めから2月末までの冬季限定で沖あがり鍋を提供している。基本の具材と味つけはそのままに、ハクサイやシイタケ、エノキなどをプラス。エビのうま味が具材に移り、つゆも何とも言えない素朴でやさしい味に。思わずご飯にかけてかき込みたくなる。店主の渡辺一正さんが「漁師のまかないを一品料理として当店風に仕立てました」と話す自慢の味を、ぜひご賞味あれ。

「かきあげ」
300円

サクラエビのファストフード!? 漁協直営ならではの価格が魅力

沖あがりはもちろん、かき揚げ丼・うどん・そばなどサクラエビを手軽に楽しめると人気の「浜のかきあげや」。豊富なメニューとリーズナブルな料金の秘密は、由比のサクラエビ漁を取りまとめる由比港漁協の直営店だから。由比港内にテラス席が設けられ、情緒豊かな漁港の雰囲気を丸ごと感じられるのもいい。国1バイパスのすぐ脇にあるので、ドライブがてらに立ち寄ってみては。漁協直売所でサクラエビ、シラスなどのお土産を買うこともできる。

浜のかきあげや

住 静岡市清水区由比今宿字浜1068-2
☎054・376・0001　営 10：00～15：00
休 月曜、祝日の翌日※サクラエビ休漁期間中は金・土・日曜のみ営業　P 50台
HP http://www.jf-net.ne.jp/soyuikougyokyo

「かきあげそば」700円

「沖あがり鍋定食」1575円

卓上で煮込み、アツアツをいただける。
小鉢、サラダ、ご飯、漬物、フルーツ付き。
ミニコース2000〜2500円もあり

このお店でも食べられます

※メニュー内容、価格は店舗によって異なります。

井筒屋

住静岡市清水区由比314
☎054・375・2039　営11:30〜14:00、17:00〜20:00（19:30LO）※沖あがりは春（3月下旬〜6月上旬）、秋（10月下旬〜12月下旬）の出漁日限定
休月曜（祝日営業、翌日休み）　P9台

パノラマテラス 海の庭

住静岡市清水区由比53
☎054・377・0024　営10:00〜17:00LO※日曜、祝日〜17:30LO ※沖あがりは11〜2月の冬季限定
休1月1日　Pなし（近隣に市営無料駐車場あり）
HPhttp://www.plaza.across.or.jp/~kakusa/uminiwa.html

開花亭

住静岡市清水区由比町屋原608
☎054・375・3055
営11:30〜14:30、17:00〜19:00
休不定休　P30台
HPhttp://www.sakuraebi.jp

ご当地 バーガー・ドッグ・ガレット コレクション

その気軽さや食べやすさこそ、B級グルメの真髄。その点、片手で、歩きながらだって食べることのできるバーガーやドッグはその代表格。お待たせしました、ご当地もの大集合!

LETTE COLLECTION

下田バーガー

下田市

1000円（オニオンフライとポテト付き）

ボリューム満点!キンメフライを大胆に

サクッと揚がったキンメダイのフライをサンドした、アメリカンサイズのドデカいバーガーは、ワイルドにかじりつくのが正解。食欲を刺激するガーリックパウダーの香り、リッチな味わいのとろけるカマンベールとチェダーチーズ、それらが一つになった圧倒的なボリューム感がたまらない。テイクアウトも可能。道の駅という立地から観光客に大人気!

Cafe&Hamburger Ra-maru
（カフェ＆ハンバーガー ラマル）
住 下田市外ケ岡1-1 道の駅 開国下田みなと（ベイ・ステージ下田）内　☎0558・27・2510
営 10：00～17：00（売り切れ次第終了）
休 なし　P あり（道の駅と共有）

きくがわガレット

菊川市

500円（イベント時）

夢咲き牛のローストビーフ入り

そば粉で作った塩味のちょっと香ばしいクレープ「ガレット」の中身は地元名物「夢咲き牛」のローストビーフ。レタス、トマト、マッシュポテトもプラスして、ちょっとおしゃれに。最後にお茶の粉をふりかけるところは、さすが茶処菊川。残念ながら常時販売はなく、菊川の「夜店市」、西部エリアのイベントなどで提供されるとのこと。問い合わせを。

菊川市観光協会
☎0537・36・0201

御前崎市

波乗りバーガー

500円

「マヒマヒ」&ワカメ入りソースで海を感じる!?

マヒマヒ（シイラ）を使ったワンコインで味わえる「波乗りバーガー」。現在市内10店舗で食べられる中の一つ、「パリジェンヌ・ラブール」では、サーフボード型の自家製パンに粉茶入りマーガリンを塗り、マヒマヒのフライと夢咲牛を使ったハンバーグを豪快にサンドした超ビッグサイズバーガーを提供！ワカメを入れたソースなど、海を感じる一工夫にも脱帽だ。

パリジェンヌ・ラブール

住御前崎市池新田4175-27
☎0537・86・6012
営10：00～18：30※持ち帰りの人は予約がおすすめ　休日曜※予約のみ受付　P6台

BURGER, DOG & GA

富士宮市

マスバーガー　400円

尾みくじ付きで観光客にも大人気

富士宮の特産ニジマスをフリッターにして、サラダ菜やキュウリ、トマトなどの野菜と一緒にトッピング。ソースは洋風のトマトバジルと、和風のからみその2種類から選べるが、トマトバジルファンがなぜか多いらしい。魚の尻尾をイメージした「尾みくじ」がなんとも心にくい。これってマス占い!? 健康、恋愛、金銭などが★ランクされている。

お～それ宮

住富士宮市宮前町4-23
お宮横丁
☎0544・68・2080
営10：00～17：00　休なし
Pせせらぎ広場に無料駐車場あり

森町

亥《い》のちゃんドッグ

300円（イベント時）

地元産イノシシソーセージをガブリ！

最大の特色は地元森町産の100％イノシシ肉のソーセージを使っている点。ボイルし焼いたものをレタスと一緒にドッグパンで挟み、最後にマスタードと、浜松の食品メーカー「トリイソース」のケチャップをかけて完成。残念ながら常時販売はなく、森町の産業祭「もりもり2万人まつり」や 西部エリアのイベントなどで提供されるとのこと。問い合わせを。

薄場元気プロジェクト ☎090・8866・6817

静岡市清水区

清水もつカレー

これぞ正しい!? オヤジの酒のつまみだ

味処 一代本店
住静岡市清水区巴町2-13
☎054・351・0665
営17：00〜22：30　休日曜
Pあり

居酒屋のテーブルに着き「とりあえずビールともつカレー」と第一声。これが、今夜も清水の街のあちらこちらで繰り広げられているワンシーン。なんと現在清水区で「清水もつカレー」が食べられる店は60店ほどあるという。昭和25年に清水駅前の「金の字」で生まれたもつカレーは、昭和30〜40年代にじわりじわりと広まり、当たり前のように食べ続けられ、「オヤジの酒のつまみ」という輝かしい地位を得た。その正体は名前通りの「もつのカレー煮込」で、大腸のみを使う店もあれば小腸、ガツ（豚の胃袋）などと合わせて使う店もあり、ごぼうやこんにゃくをプラスしたり、ネギをトッピングもする店も。カレーの味もいろいろで、清水人いわく、特別な定義などなく、おいしく煮込んであるのが「清水もつカレー」なのだそうだ。

新清水駅近くに暖簾を掲げる「一代本店」も30年ほど前から「もつのカレー煮」を定番メニューとして出しているが、ここでは大腸のみを使用。丁寧に茹でこぼし、適度な歯ごたえを残し独自のカレースパイスで煮込んでいる。

もつカレー発祥の店「金の字」

昭和25年、「金の字」先代、故杉本金重さんによって「もつカレー」は生まれた。戦時中に洋食屋のコックから教わったカレーの調理法と、戦後焼き鳥屋を始めた時に知った名古屋の土手焼きをヒントに、串に刺したもつカレーが考案されたのだ。毎日朝10時から仕込みを始め、出来上がるのは夕方5時の開店直前。大量に作ることができず200本限定。小腸とガツを使っていて、独特の焦がした香りが、クセになる、どこか懐かしい味と評判だ。

金の字本店（きんのじ）
住静岡市清水区真砂町1-14
☎054・364・1203
営17：00〜21：00
休日曜、祝日　Pなし

名物「もつのカレー煮込」1本90円（上）
店の真ん中に置かれたもつカレーの鍋。テイクアウトもできる（左）

「もつのカレー煮」450円

スライスタマネギと細ネギのダブルトッピングが「一代」流。カレーは毎日継ぎ足し継ぎ足し作っているそうだ

このお店でも食べられます ※メニュー内容、価格は店舗によって異なります。

炉ばた居酒屋 福助
住静岡市清水区真砂町1-13
☎054・364・8100　営17：00〜23：00
休月曜　Pなし
HPhttp://www.shimizu-fukusuke.com

さむ
住静岡市清水区真砂町1-32
☎054・366・8001
営17：00〜23：30
休月曜　Pなし

そ乃田
住静岡市清水区銀座10-3
☎054・365・1612
営17：00〜23：00
休月曜　P4台

COLUMN

もつカレー総研って？

というわけで、その真相を尋ねるべく、缶詰に記されていた「清水もつカレー総研公認」の文字をたよりに、総研を訪ねた。正式名称「清水もつカレー総合研究所」。もつカレーを愛するが故に、勝手に応援団を結成。それが総研なのだそうだ。メンバーは現在12人。自営業、市の職員、布小物作家、会社員などさまざまな職業の清水在住、出身者で構成されているという。結成は2008年の11月29日「いい肉の日」（野口直秀所長談）。どこにでもあると思っていた「もつカレー」が、実は清水特有の文化だと知り、それならこれをもっとアピールしようと有志が集まったというわけだ。

清水もつカレー総研メンバーのみなさん。CoCo壱番屋カレー試食中

CoCo壱番屋もつカレーは、清水駅前店、大曲店の限定2店で販売されている

清水もつカレー総合研究所

住静岡市清水区真砂町3-9
☎054・366・2335
HP http://shimizu-motsukare.com

「もつカレさま」は、清水人の日常あいさつ!?

「もつカレさま」？　清水駅前で見つけた「清水もつカレー」の缶詰に記されていたこの言葉に、衝撃を受けた。「さま」と呼ばずにはいられないほど、そこまで清水人はもつカレーを愛しているのか…。

新清水駅近くの「フードシナノ」にて

「清水もつカレー」缶詰 420円

「金の字」にてもつカレータイム

もつカレー案内グッズいろいろ

Tシャツ 2000円

駅前銀座アーケードに、もつカレーののぼりが

女子高生も「もつカレ」

さて本題の「もつカレさま」の謎だが、所長いわく「あいさつです。お疲れ様ですってことで、総研の公式あいさつです」。なるほど！　聞けばこの「もつカレさま」、近頃は女子高生の間にも浸透しているとか。もしも街中からこの言葉が聞こえてきたら、ちょっと楽しいかも。

ところで、缶詰だが、現在黄色のパッケージのスタンダードタイプと、黒いパッケージのイカスミ入りタイプがあり（いずれも地元企業・はごろもフーズ製）、ほかにもレトルトタイプのもつカレー（清水酒販製）もあり、駅前の土産物店、キヨスクなどで販売されているとのこと。

さらに、駅近くのセブンイレブンでは、「港町清水のソウルフード」と記された「清水もつカレー」のパックも販売されていた。

「清水もつカレー」330円。セブンイレブン清水江尻東一丁目店にて

駅前の土産物店「東京堂」にて

夜の街で、もつカレーに酔う

総研の活動はもつカレーのPRにあり、もつカレーマップや、缶詰め販売店マップを制作したり、ホームページやブログで情報発信したり、Tシャツを制作販売したり。さらにはさまざまな店、企業からもつカレーの試食を頼まれたり、「公認」を出してほしいと頼まれることもあるという。取材日のこの日もカレーハウスCoCo壱番屋のもつカレー試食会が行われていた。さて、ではそろそろ、我々取材チームも、清水もつカレーを堪能すべく、清水の街に繰り出すとしましょう。発祥の店「金の字」へ、いざ。

静岡市

静岡おでん

静岡おでん　おがわ

住静岡市葵区馬場町38
☎054・252・2548
営10:00〜18:30
休水曜　Pなし

真っ黒スープに串刺し黒はんぺんに青のりだし粉

静岡おでんと言えば、静岡県内のB級グルメ中部の雄である。知名度は押しも押されぬ全国区、その歴史・広がり・認知度はまさにA級クラスだ。静岡市葵区の浅間神社の門前商店街にある「おがわ」は、土日ともなると県外から客が押し寄せる有名店。創業は60年以上前、戦前は製氷業や運送業を営んでいたが、戦後すぐに初代の小川ゆくさんが「これからは現金商いだ」と、物資の不足する中、おでんを始めた。当時、近辺の柳町に家畜処理場があり、それまで廃棄していた牛スジやモツをおでんのだしにしたのが、しぞーかおでんの始まりだという。

というわけで、「静岡おでん五箇条」はこうだ。❶黒はんぺんが入っている ❷黒いスープ（牛スジ） ❸串に刺してある ❹青のり、だし粉をかける ❺駄菓子屋にある―。　身近にある素材（牛スジ・練り製品・だし粉）を使っておいしく、子どもの小遣いでも空腹を満たせるように串にさし、スープはどんどん継ぎ足して真っ黒に。戦後の静岡人の日常生活とともに息づいてきたからこそ、この五箇条が生まれたのだろう。

しぞーかの味を全国へ

平成13年におでん好き市民が集まって開催された「静岡おでん考」という講座が、「静岡おでんの会」の前身。1年後に会は正式に発足し、現在は店や業者、一般市民のサポーターで成り立つ大きな組織になった。身近にありすぎて「文化」として気づかれなかった地元グルメを掘り出した功績は大きく、キリンビールのCMなどにも取り上げられ一気にメジャー化。今では通信販売はもちろん、東京や海外にも静岡おでんの店があるほどだ。

静岡おでんの会
HPhttp://oden.cocolog-shizuoka.com/

静岡おでんの会共同開発の「静岡おでん缶」350円。おがわでは店の味をそのまま届けるセット4000円〜も全国発送している

静岡おでんに不可欠なイワシやサバなどの魚粉。こちらも駿河湾が近くにあるからこその地場産品だ

「静岡おでん」80円～

おがわのおでんは、毎日、10～20キロの牛スジを煮込んでつくる。味付けはしょう油のみ、あっさりとした自然なうま味が特徴

このお店でも食べられます

※メニュー内容、価格は店舗によって異なります。

大やきいも

住静岡市葵区東草深町5-12
☎054・245・8862　営9:00～20:30
休月曜（祝日営業、翌日休み）　P8台

水野商店

住静岡市葵区本通2-2-17
☎054・253・3260
営8:30～17:00　休不定休　Pなし

あさひ

住静岡市葵区西草深町28-4
☎054・245・6983
営16:30～21:30　休月曜　Pあり

静岡市 用宗生しらす丼

どんぶりハウス

住 静岡市駿河区用宗2-18-1
☎054・259・2111（月～金曜、漁協）
☎054・256・6077（土・日・祝日、直売所）
営 11：00～14：00※生シラスは、3/21～翌年1/14の漁期限定
休 なし ※雨天時休業の場合も
P 店舗周辺可能

「釜あげしらす丼」
500円

鮮度が命！ これぞ地元の特権「生シラス」

シラスの漁獲量が全国一の静岡県。中でも「用宗のシラス」は全国的に通用するブランドだ。人気の秘密でもあるその理由は、鮮度の良さ。漁場が近いうえに漁法にも工夫がなされている。2隻が網を曳き、捕れたら輸送専用に配備されたもう1隻が港に運ぶ。港に水揚げされ、次々と競りにかけられたシラスが時を移さず加工される。塩水で茹でた後処理によって、釜揚げシラス、干せばシラス干し、乾燥させるとチリメンと呼ばれるが、やっぱり王道は、鮮度が命、水揚げ直後が本当においしい生シラス！

その味を知ってほしい、食べてほしいとの思いで、07年、清水漁協用宗支所（当時は静岡漁協）が直営で開店したのが「どんぶりハウス」。水揚げしたて、目と鼻の先の魚市場で競り落とされたばかりの新鮮極まりないシラスがどっさりのった「生しらす丼」誕生だ。“生”のメニューゆえ、天候と海の状態次第。漁があるかは朝電話で確認して。ここだけの話、直売所より格安で堪能できるのだ。

お土産はここで！ 生シラスや加工品を新鮮＆格安で

「どんぶりハウス」から徒歩1分の所にある清水漁協用宗支所の直売所。お土産を買うならズバリ、ここ！ 時価280～350円（100g）の生シラスや、急速冷凍した生シラス、シラス加工品の釜揚げシラスをはじめ、タタミイワシやチリメンなどさまざまなシラスがそろっていて、その新鮮さと価格は、さすが直売所！ 週末は県外からの客もわざわざ買い物にくるほどの人気店だ。

清水漁協用宗支所直売所

住 静岡市駿河区用宗2-18-1
☎054・256・6077
営 9：00～17：00（土・日曜、祝日～15：00） 休 なし P あり

「生しらす」（冷凍100g）350円

このお店でも食べられます

※メニュー内容、価格は店舗によって異なります。

Hana Hana

住静岡市駿河区用宗1-29-1
☎054・257・8717
営10:00～21:00(20:30LO)
休なし　P5台

御食事処 幸八

住静岡市駿河区用宗1-28-9　☎054・258・6603
営11:45～13:30、17:00～22:00(20:30LO)
休月曜、木曜不定休　P5台
※生しらす丼は客からの要望時限定

「とれたて生しらす丼」600円

漁期限定の生シラス、捕れたてをザブザブ食べられるぜいたくさ。どっさりのって、味噌汁が付いてこの値段

焼津市

焼津おでん

お好み焼 花道

住焼津市駅北3-20-15
☎054・627・5467
営11:00〜21:00
休火曜、月1回月曜（不定）　P7台

港町が誇る日本一！のおでん

焼津おでんの基本形は、駄菓子系＋プール帰り＋串刺しおでん。「しぞーかおでん」と同じ特徴だ。お隣だけあって地続き的「おでん文化」が根付いている。

では焼津おでんの独自性は？というとずばり、その具材にあり。「黒はんぺん・ナルト・カツオのヘソ（心臓）」。この三種の神器ならぬ、3種の具が焼津おでんを日本一たらしめているのだ。生産量日本一の黒はんぺんとナルト。カツオの水揚げ量も日本一。つまり日本一の具材がトリプルで煮込まれた焼津おでんはそりゃもう日本一じゃん、というわけ。

住宅街の一方通行沿いに建つお好み焼き店の「花道」は、そんな焼津おでんのスタンダードが味わえる1軒。笑顔の素敵なお母さん・大野としさんが駄菓子店に嫁入りした昭和30年にも、七輪と練炭の上でおでんを作っていたというから歴史は古い。透明なスープは鶏ガラベースでしょう油は一切使わない。長野から取り寄せるみそで作るみそだれは甘口だけどあっさり。たっぷりつけて召し上がれ。

お祭り好き？「やぁ〜づ」を愛するおだっくいたち

「焼津おでんは、とくにB級グルメとして発信してるわけじゃないんですよ」と焼津おでん探検隊の現隊長である食品原料会社社長の石切山太郎さん。おでんは、焼津のことをもっと知って喜んだり驚いたりして、焼津をもっと好きになる1つの入口。もちろん毎年2月に静岡市で行われる「おでんフェスタ」への参加なども行うが、おでん以外のプロジェクトもさまざま。学生から70代まで、50人ほどの隊員が日夜、焼津を面白くする計画を練っているというから期待しよう。

焼津おでん探検隊
HP http://odetan.blog98.fc2.com/

焼津おでん探検隊隊長・
石切山太郎さん

カツオのヘソ1串80円 その他1串70円「おでん」

キラキラ輝く澄んだスープ。焼津おでんは、鶏ガラでだしを取る店が多くしょう油は控えめ。代わりに、食べるときにみそだれをつけることが多い

このお店でも食べられます

※メニュー内容、価格は店舗によって異なります。

日の出
住焼津市栄町1-2-1　☎054・628・2348
営17:00〜0:00　休木曜　Pなし

串りき
住焼津市本町2-9-14　☎054・627・7384
営17:00〜22:00　休不定休　Pなし

藤枝市岡部

おかべ焼きそば

釜炊きごはん工房
ゆとり庵
住藤枝市岡部町岡部839-1
☎054・667・2827
営11:00〜18:00 休火曜
P6台 HPhttp://www15.plala.or.jp/yutorian/

主役は玉露麺と地元野菜

焼きそばといえば、まさにB級グルメの代名詞。コッテリとした庶民派のイメージが強いが、ここ、岡部の焼きそばは、そこはかとない上品さが漂うあっさり系だ。

幕末の風情漂う大旅籠柏屋のすぐ近く、古民家を改装した「ゆとり庵」は釜炊きのご飯がメインの食事処。こちらの主人であるごはん炊き職人の植田稔雄さんが、おかべ焼きそば普及委員会の委員長で、おかべ焼きそば誕生の仕掛け人である。

「今までにない焼きそばを作ろうというのがスタート地点」と植田さん。「肉を使わない」「和風の味つけ」「地元産の野菜をたっぷり使う」おかべ焼きそばを考案。さらに最大の特徴は、玉露のパウダーを練り込んだ特製の冷凍麺を使うこと。玉露という高級茶葉をB級グルメに使おうというのは、県外出身者の植田さんだからできた大胆な発想かも。現在、岡部町内で食べられる店は、ゆとり庵を含め4軒ほど。それぞれの店で味付けや仕上がりが違うのも、じわじわ広がっていくB級グルメの楽しさだ。

岡部町は日本三大玉露生産地の1つ

玉露といえば、京都の宇治が有名だが、岡部町朝比奈も福岡県の八女と並ぶ日本三大生産地の1つ。玉露は茶樹を藁やシートで覆い、太陽光を遮断する栽培方法が特徴。光に当てないことで、お茶の渋みのもととなるカテキン（タンニン）の生成が抑えられ、うま味成分のアミノ酸が多く甘くまろやかな味に仕上がったもの。おかべ焼きそばには、その貴重な玉露茶葉のパウダーを練り込んでいるのだ。さらに岡部町はタケノコやシイタケなどの野菜生産も盛ん。おかべ焼きそばは、野菜不足を感じてる人にもオススメだ。

肉厚なシイタケも地元産

ゆとり庵では50ｇ600円、100ｇ1200円で、抹茶パウダーを小分けで販売もしている。

「**おかべ焼きそば**」630円
（**テイクアウト525円**）
カツオと昆布のだしに赤穂の塩とみりん、酒などで作った自家製塩だれが味のベース。肉なしとは思えないほどコクがあり、レタスのしゃきしゃき感がヘルシー

このお店でも食べられます

※メニュー内容、価格は店舗によって異なります。

滝かわ
住藤枝市岡部町内谷627-2
☎054・667・0031
営11:00〜14:00、17:00〜19:00
休水曜　P6台

民宿あづま
住藤枝市岡部町宮島457-3
☎054・668・0510
※民宿のため食事は要予約
休不定休　P6台

イーハトーヴォ
住藤枝市岡部町村良484-2
☎054・667・2395（ときわストア）
営18：00〜23：00 ※要予約
P10台

ご当地 レトルトカレー コレクション

さすが、おいしい食材満載の静岡県！ご当地の名物や、特産物、食文化をたっぷり詰め込んだ個性派カレーがあちらこちらから生まれ、只今話題沸騰中！

COLLECTION

富士宮市

元気なブタならあなたも元気モツカレー

200g 420円

ヨーグルト状の発酵飼料で育てられた銘柄豚として知られる「朝霧ヨーグル豚®」の小腸を使ったオリジナルカレー。モツはたっぷり40gも。ネーミングも効いている。

●販売元／朝霧ヨーグル豚販売協同組合
HP http://www.siz-sba.or.jp/asagiri/

富士宮市

萬幻豚ポークカレー

200g 600円

さの萬が開発した「萬幻豚」を使用。さらにはビオファームまつきのニンジン、長谷川農産のマッシュルームも。富士山麓産の3つのこだわり食材がタッグを組んだ最強カレーだ。

●販売元／さの萬
☎0544・26・3352

■いずれのカレーも、東名高速のSA・PA、道の駅などで販売していることが多い。見かけたらぜひお試しを。どうしても今すぐ食べたいという人は、販売元に問い合わせを。

浜松市

天竜のきのこカレー

200g 450円

地元天竜の原木乾燥シイタケと、国産生マイタケを使用。まさに、きのこいっぱい！ビタミンD、食物繊維豊富なヘルシーカレー。きのこ問屋製というのも珍しい。

●販売元／北遠椎茸
☎053・926・1811

袋井市

元気なあさばのお茶カレー

150g×2パック 714円

粉末にしたやぶきた茶が入った緑茶風味のカレー。さらに緑茶の粉末スティックも付いていて、ふりかければ、カレー色にキュートなお茶色がオンされ、風味も倍増。

●販売元／元気なあさば
☎0538・23・1474

島田市

静岡わさびカレー

180g 525円

チキンカレーに特製わさびオリーブソース(ワサビのドライ粉末が漬け込まれている)をかけて食べる驚きの逸品。ワサビはもちろん静岡県産。ツーンとくる辛さがクセになりそう。

●販売元／キイチ食品 ☎0547・53・3918

焼津市

焼津味海道まぐろカレー

200g 500円～

駿河湾深層水、マグロの頭を煮込んだスープを使用。もちろんマグロの水煮フレークも入っている。焼津が生んだコラーゲン、DHA豊富な和風カレーだ。

●販売元／マルミヤ食品
☎054・623・4270

RETORT CURRY

湖西市

新居関所和風咖喱

180g 300円

「新居関所」をイメージした和風だしカレーを作ろうと地元商店主たちが考案。ウナギの骨のカルシウム入り和風カレーとは実にユニークだ。うどんにも合うらしい。

●販売元／金松酒店 ☎053・594・0118

浜松市

三ヶ日ビーフカレー

180g 400円

県外にも出荷されている銘柄牛「三ヶ日牛」と、長坂養蜂場の人気商品「三ヶ日のハチミツ」を贅沢にブレンド。まさに三ヶ日が誇るブランドの美食コラボだ。

●販売元／鈴代商店
☎053・523・1025

浜松市

静岡そだち絶品のカレー

200g 500円～

静岡県が誇る黒毛和牛「静岡そだち」をたっぷり使い、さらに静岡県産のジャガイモ、タマネギを使用。「絶品」と自ら名乗るところが実にたのもしい。

●販売元／鈴代商店
☎053・523・1025

川根本町

川根大根そば

せせらぎの郷

住 榛原郡川根本町下泉1931
☎0547・56・1588
営 10：00～18：00※「川根大根そば」は10月下旬～12月中旬までの土・日曜のみ
休 火曜～金曜、ほか不定休あり
P 9台

つゆと絡めて食べる具だくさんの短いそば

ダイコンの千切り、ニンジン、シイタケ…「川根大根そば」にはとにかくふんだんに具が入っている。そして主役は、土地に伝わる軟らかくて短いそばだ。しょう油ベースのつゆは、だしに使われる鶏モモ肉と豚肉が隠し味。素朴でホッとさせる味ながらコクがある。そばと具をつゆと一緒にかき込んで食べるのが作法だ。

昔は「三十日蕎麦」の風習や結婚式でも食べていたほど、耕地の少ない川根地区にとってそばは大切な食料。おいしく食べるために各家庭で工夫し生み出されたのが具だくさんの「大根そば」なのだ。ところが今ではそば作りが伝承される家庭も減り、「大根そばが食べたい」と懐かしむ声があちらこちらから…。そこで発足したのが「中川根そば道場」。昔の味を再現し、まちおこしにもなればと普及活動を始めた。塩郷のつり橋のたもとにある、川根茶を使った生キャラメルやプリンが人気の店「せせらぎの郷」のスペースの一角で、食べることができる。10月下旬～12月中旬の土曜・日曜限定。

昔ながらの味を再現してまちおこしする「中川根そば道場」

平成16年、旧中川根地区で発足。代表の増田美喜雄さんを中心に17人のメンバーが、「地場産品を使って町を元気にする食べ物を作ろう」と、川根では昔から食べられていた「大根そば」を若者にも食べやすい味付けに工夫して普及活動中。そばを打つ「久野脇そばグループ」と連携し、自然あふれる風景と、地元の懐かしい味を楽しんでもらおうと、町の文化祭やグラウンドゴルフ大会などのイベントでブースを出展している。

目印は青いのぼり

キムタクもロケの時に「おいしい」といって食べたという「川根大根そば」。つゆ付きのテイクアウトは450円で販売

中川根そば道場

☎0547-56-0231

「**川根大根そば**」600円

コクのあるつゆの中に千切りダイコン、シイタケ、ニンジンなどをふんだんに入れて、短いそばと絡めて食べる

◆川根本町商工会のHPで情報が検索できます▶http://kh-s.jp

御前崎市

御前崎カレー

ASIAN RESTAURANT
SURIA（スーリア）

住 御前崎市白羽457-1
☎0548・63・5367
営 17：00〜23：30（22：30LO）
休 火曜、第3月曜　P 10台
HP http://www.suria.cc/

御前崎の伝統 カツオの なまり節入りカレー

御前崎市の名物として、古くからある鰹節となまり節。この地には「手火山式」という350年もの歴史を持つ伝統技術があり、この製法で作られた物が最高級とされている。地道な手作業でゆっくり時間をかけて直火と燻しを繰り返すことで、豊かな風味と香りを引き出した鰹節となまり節のおいしさを、もっと多くの人に味わってもらおうと生まれたのが「御前崎カレー」だ。でも「なぜカレーに鰹節？」と疑問に思うが、スリランカではカレーに欠かせない食材として鰹節にそっくりな「モルディブフィッシュ」が使われているほど、実はカレーと薫製したカツオは相性が良い組み合わせなのだ。

市内では現在3店舗で「御前崎カレー」を味わうことができ、ここ「スーリア」ではインド系マレーシア人のシェフ、ラージ・ナヤーさんが作るスパイスの利いた一皿を味わえる。店にはほかにもオリジナルカレーが5種類あり、マレーシアの薄焼きパン「ロティ」1枚262円と合わせるのもオススメ。

「つゆひかり茶フロート」500円

「はまこまち入りコロッケ」1個50円

「はまこまち入りクッキー」1袋100円

アンテナショップ御前崎パスタ 松風

住 御前崎市池新田3850-7　☎080・2610・7195
営 11：00〜18：00　休 月曜　P 30台

新ご当地グルメは、お芋の「はまこまち」

御前崎市内にある中遠調理師専門学校の校長、松井幸子さんがオーナーを務めるアンテナショップ。ここでは地元の新たな名産で、ベータカロチンがニンジンの3倍も含まれるイモ「はまこまち」を使った地元ならではの料理が楽しめる。中でも、生地に「はまこまち」を45％練り込んだオリジナル生パスタ7種類が人気。物販コーナーでは生パスタや地元野菜、御前崎カレーに必須のなまり節を購入できる。

「御前崎カレー」と「はまこまち」入り生パスタが一度に味わえる「御前崎カレーパスタ」800円 ※スープ、サラダ、コロッケ付き

「御前崎カレー」787円

鮮烈なスパイスの風味と、ほどよくほぐれたカツオのなまり節が相性抜群。ご飯がターメリックライスなのもうれしい

このお店でも食べられます

※メニュー内容、価格は店舗によって異なります。

アンテナショップ御前崎パスタ 松風

住御前崎市池新田3850-7
☎080・2610・7195
営11：00～18：00　休月曜　P30台

いかり食堂

住御前崎市御前崎3407
☎0548・63・2153　営11：00～19：00
休日曜、祝日　P4台

◆NPO法人手火山HPにて公認店が検索できます。▶http://www.npo-tebiyama.org/curry.html
※現在、御前崎カレーが味わえるのが全部で3店舗。今後も増えて行く予定

COLUMN

空港開港を記念しスタート

全国にB級グルメ人気を広めた静岡県。全国的に盛り上がりを見せている中、2009年5月に富士山静岡空港開港を記念して袋井市のエコパスタジアムで「全国B級グルメスタジアムinエコパ」が開催された。本拠地・静岡県で食文化を通し、静岡・遠州のPRや「まちおこし」の活動の場の提供、地域活性化・観光振興が目的。

初年度は空港就航先各地のB級グルメ団体を含めた44団体が参加し、来場者もエコパ会場以来最多となる16万人が訪れた。2回目となる2010年は県内B級グルメを中心に26団体が参加し、開催2日目は雨にも関わらず多くの来場者が詰め掛け、その人気ぶりを裏付けた。

県内B級グルメが大集合 B級グルメスタジアムinエコパ

2009年にB級グルメの総本山・静岡県で開催された「B級グルメスタジアムinエコパ」。発起人の一人である袋井市観光協会会長の太田忠四郎さんとイベントに参加した「ふじ つけナポリタン大志館」代表の小川和孝さんにB級グルメへの思いを聞いた。

まちおこしの原動力に

イベントの発起人の一人である太田さんは、B級グルメの魅力とイベント開催までの経緯について次のように語る。「静岡県は日本のど真ん中。古くは東海道五十三次の宿場町として栄え、各地域の特色を生かした名物が生まれました。なぜ静岡県でB級グルメが盛り上がったのかといえば、自然豊かで海・里・山の幸に恵まれ、安くておいしい、独自の食が県内各地で生まれやすい土地柄でもあるから。その場所に行かなければ食べられないというプレミア感がさらに人を惹き付けたのではないのでしょうか。そこで、2009年に富士山静岡空港開港・地域振興・B級グルメを組み合わせた『B級グルメスタジアム』の開催を考えました。こうしたイベントをきっかけに、さらにB級グルメがまちおこしの原動力となることを願っています」。

手ごたえを肌で実感

2010年に初参加となった「ふじ　つけナポリタン大志館」の小川さんは、「初年度は参加できなかったので、今回はぜひ参加したいと思っていました。2日目は残念ながら雨に見舞われましたが、朝から200人の方が並んでくれたことに、スタッフ全員心が熱くなりました。つけナポリタンは、新規で開発した商品で、なかなか言葉や写真だけでは味のイメージが伝わりにくいメニューでもあります。

しかし、実際に来場者に食べていただき、手ごたえを感じ、自信につながりました。これまで県西部でPRすることはなかったので、大変貴重な経験でした。引き続き、地元参加店をさらに増やし、より多くの方に味を伝えていきたいと考えています。そうした努力が最終的に地域おこし、まちづくりにつながっていきますし、その思いはどの地域も同じだと思います。今後もぜひこうしたイベントに積極的に参加していきたい」と意気込みを語った。

袋井市

たまごふわふわ

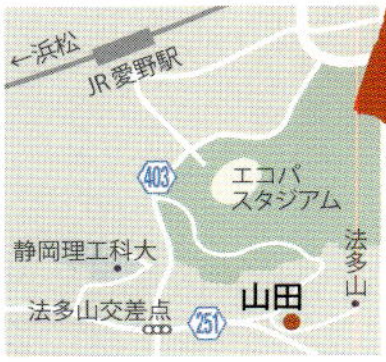

お食事処 山田

住袋井市豊沢2750
☎0538・42・2057
営10:00〜16:00※都合により早終いの時あり
休木曜　P12台

江戸の頃より食された新食感の袋井グルメ

童謡を思わせるかわいい音の響きを持つ袋井B級グルメ「たまごふわふわ」。名前のインパクトが強いこの名物は、江戸時代から伝わる日本最古の卵料理だという。「たまごふわふわ」が味わえる店は袋井市内に15店舗あり、どの店も４つの基準（①卵を使う　②ホッとできるフワッとした味を再現する　③袋井市の食文化に関心を持つ　④袋井市観光協会の会員である）をクリアした認定書を持つ名店。その中の一つ、法多山の門前町にある「山田」は、北海道産利尻昆布とカツオの和風だしが決め手の「たまごふわふわ」を提供。ほんのり甘みがあるメレンゲ状のふわふわ卵と、だしのきいたしょう油味のつゆは相性抜群だ。ここではさらに、本場で修業し「麺許皆伝」の証書も取得した店主、山田あつ子さんが作る「富士宮やきそば」500円もあり、静岡を代表するB級グルメを2種類も味わえる。参拝帰りに気軽に味わってみては。

明治創業の老舗が作る、和菓子版「たまごふわふわ」

「たまごふわふわ」の創作部門の中で、お土産として人気を呼んでいるのが袋井駅正面に店を構える「五太夫きくや」の「たまごふわふわ味噌カステラ」だ。卵の黄身と白身を別々に泡立たせて生地に入れることでふんわり感を際立たせ、隠し味にみそとユズの風味を加えて和風カステラに仕上げているそう。旧東海道の宿場、袋井宿で作られていたこうじみそを使っているのも袋井ならではの特徴だ。

「たまごふわふわ味噌カステラ」1個80円

和菓子所
五太夫きくや（ごだいゆうきくや）

住袋井市高尾町25-7 袋井駅前
☎0538・43・4178
営9:00〜19:00　休木曜　P2台
HPhttp://www.fukuroi-hot-navi.jp/h_sonota-kikuya.htm

「たまごふわふわ」350円

器が保温性の高い土鍋なので、ふんわり卵の下には、茶碗蒸し状にほどよく固まった部分が出来る。そこもまた美味

このお店でも食べられます

※メニュー内容、価格は店舗によって異なります。

遠州味処 とりや茶屋

住袋井市高尾町15-7
☎0538・42・2427　営11:30～14:00、17:00～21:30LO　休月曜　P6台
HPhttp://toriyatyaya.hamazo.tv/

遠州 和の湯(やわらぎのゆ)

住袋井市諸井2022-3
☎0538・23・1500　営10:00～23:00
休なし　P220台
HPhttp://www.yawaraginoyu.co.jp/

山梨屋寿司店(やまなしやすしてん)

住袋井市高尾町24-9
☎0538・42・2422　営11:00～14:00、17:00～20:00LO
休水曜　P2台

◆袋井市観光協会ＨＰにて公認店が検索できます。▶http://www.fukuroi-hot-navi.jp/

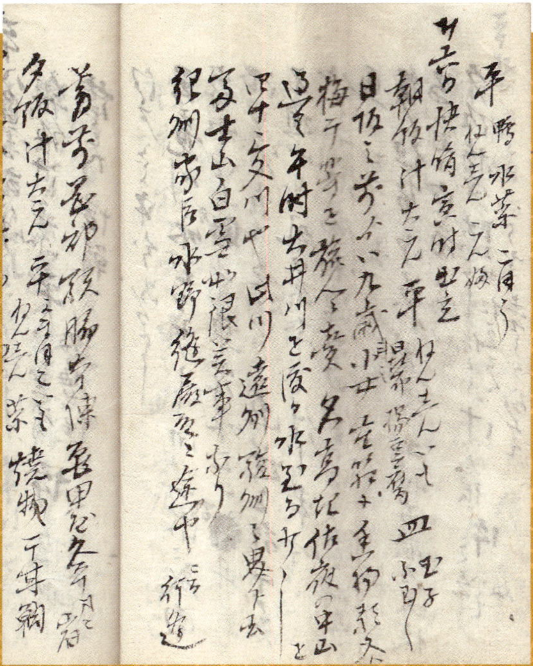

「たまごふわふわ」が登場する文献「仙台下向日記」

COLUMN

始まりは、袋井図書館の文献から

B級ご当地グルメの祭典「B-1グランプリ」に常連参加し、着実に知名度を上げている「たまごふわふわ」。今でこそ、ユニークな名前が印象的な袋井市を代表するご当地グルメとして定着しているが、始まりは市内の図書館で観光協会の職員に手渡された一枚の文献のコピーからだった。それは1813年に大阪の豪商、升屋平右衛門が大坂藩から仙台藩へ向かうま

平成に復活! 江戸時代の名物料理「たまごふわふわ」誕生物語

江戸時代の文献にその名が登場するほど古い歴史を持つ「たまごふわふわ」。それだけに平成のB級グルメブームに乗って、多くの人に知ってもらうまでには、市民や観光協会の並々ならぬ努力と、不思議な縁があったそうで…。

歓迎レセプションを行ったメンバーの面々

袋井宿 江戸時代の名物料理 たまごふわふわ

袋井市観光協会

歓迎レセプションにて

山片重昭さん(左)、太田観光協会長(中央)、山片重治さん(右)

での道中を記した旅日記「仙台下向日記」だ。この本の一節には、1813年の1月25日に袋井宿太田脇本陣に宿泊し、翌日の朝食に「たまごふわふわ」(当時の料理書によっては「ふわふわたまご」ともいう)を食べたことが記されていた。この史実を発見した後、袋井市観光協会では地元の新名物として「たまごふわふわ」を再現しよう!という試みが動き出し、江戸時代の料理本を参考に平成の「たまごふわふわ」を完成させた。今では市内15店舗で各店独自の工夫をこらした物が味わえるまでになった。江戸時代のレシピ通りに作る再現部門と、基本のレシピに独自の工夫を加えた創作部門があり、各店の味の違いが楽しめるのも魅力の一つだ。

今に再現された、江戸時代の朝食

「B-1グランプリ」の参加を機に、着々と知名度を上げてきた頃、観光協会に一通のメールが届く。なんと相手は「仙台下向日記」の著者、升屋平右衛門の末裔で山片家11代目当主の山片重治さん。有名になりつつあった「たまごふわふわ」が、先祖の残した文献と深く関わっていることを知って連絡をくれたのだ。そんな縁から山片さんを袋井市に招待することになり、ただ足を運んでもらうだけでは面白くないからと、袋井市観光協会では粋なサプライズを計画。山片さん兄弟夫妻を招いての「歓迎レセプション」を1月25日に設定し、翌26日には「たまごふわふわ」付きの朝食で先祖と同じ軌跡を辿ってもらうという計らいに山片さんたちは多いに感激。その後は観光大使としてこの名物を盛り上げる仲間の一員となったそう。時代を超えて不思議な縁を呼んだ「たまごふわふわ」、ますます食べてみたくなったのでは!?

再現された「たまごふわふわ」

磐田市

磐田おもろカレー

La Cantina（ラ・カンティーナ）
住磐田市二之宮629
☎0538・33・6363
営11:30〜14:00、17:30〜21:00LO
休火曜（祝日営業、翌日休み）、月1回月曜　P8台
HPhttp://www.cantina-jp.com/

シェフ・後藤正哉さん

「おもろ」が決め手の女性必見ご当地カレー

静岡県西部、中でも磐田市を中心に古くから親しまれて来たソウルフードの豚足。養豚が盛んだったこの地では、煮たり焼いたりと調理された豚足を「おもろ」と呼んで愛食してきた。このユニークな名前の「おもろ」はコラーゲンたっぷりなうえにビタミンDやB_{12}を含む美容と健康に良い食品。「これをもっと多くの人に味わってもらいたい!」と、生まれたのが「磐田おもろカレー」だ。

現在は市内19店舗で各店独自のカレーを味わうことができる。企画・開発から携わっている地産地消のイタリア料理店「La Cantina」では、じっくり時間をかけて作り込んだおもろ入りのルーに、磐田産の朝採れ野菜をたっぷりトッピングしたひと皿を提供。おもろ独特の風味が気になる人でも、フォークで細かくほぐしてルーをたっぷりかければおいしく味わえるのもカレーの特権だ。ここでは自家製生パスタや高級地鶏プーレ・ノワールのコースなども味わえるので、カレーと共に楽しんでみては。

「おもろカレー」を、オモロく食べよう!

磐田おもろカレーが味わえる19店舗の中には、ライス＋カレーという定番スタイル以外の楽しませ方をする店もある。精肉店の「肉のむらかみ」では、カレー味のタネの中心に塩茹でした鮮度抜群のおもろを入れたコロッケを提供。パン店の「アンシャンテ」では、旧浅羽町産の米粉を使ったモチモチのパンの中に自家製おもろカレーを入れた焼きカレーパンが味わえる。どちらも要チェック!

「焼きおもろカレーパン」200円は揚げてないのでヘルシー（アンシャンテ）

「磐田カレーボール」1個120円は、家で揚げる用の物も販売（肉のむらかみ）

肉のむらかみ

住磐田市大原205-4　☎0538・32・7123
営10:00〜19:00 ※揚げ物の販売は〜18:30
休なし　P 20台
HPhttp://www.gyo-retu.com/1/murakami/

アンシャンテ

住磐田市今之浦2-6-11　☎0538・37・1251
営8:00〜18:30　休火曜　P 4台

「磐田おもろカレー」1155円

おもろに含まれるコラーゲンと、旬の野菜の栄養を一度にとれる女性にうれしいカレー。野菜の内容は日替わり

このお店でも食べられます

※メニュー内容、価格は店舗によって異なります。

R食堂(アール)
IWATA CURRY
住磐田市富丘182-3　☎0538・33・8383
営11:30〜14:00(13:30LO)、18:00〜21:30(21:00LO)　休火曜、第3水曜　P 7台
HP http://rshokudo.hamazo.tv/

酒食房 よねやま
住磐田市池田433-2
☎0538・36・3909
営11:30〜13:30、17:00〜23:00
休月曜　P 16台

味匠 天宏(てんひろ)
住磐田市見付3884-5
☎0538・32・7078　営11:00〜14:00LO、17:00〜21:00LO
休月曜　P 30台
HP http://tenhiro.com/

◆磐田おもろドットコムHPにて公認店が検索できます▶http://iwata-omoro.com/index.html

浜松市

浜松餃子

日常に根付いたあっさり美味餃子

石松

住浜松市浜北区小松1145-1
☎053・586・8522
営11:00～14:00、16:30～20:45LO
休水・木曜　P50台
HP http://www.ishimatsu-gyoza.jp/

全国でトップクラスの餃子消費量から、浜松餃子の名は全国に浸透した。とにかく浜松人は餃子が好きだ。いや「好き」という意識がないほど、日常に深く根付いている。始まりは戦後、中国からの復員兵がもたらしたそう。具材として、近隣農家で収穫量の多かったキャベツやタマネギ、さらに養豚業が盛んとあり、豚肉が用いられた。屋台売りが主流で、手軽かつ一度に多くの餃子が焼けるよう、フライパンに丸く並べて焼き、中心に“付け合わせ”としてモヤシを添えるスタイルが定着。こうした手法は「キャベツ主体であっさりしつつ、豚肉のコクを併せ持つ餃子」として現在も受け継がれながら、独自のスタイルを開拓する店も少なくない。

昭和28年に屋台売りでスタートした「石松」はまさにそのルーツといえる一軒。麦を飼料に遠州で育った甘みが強い麦豚、キャベツ、ニンニクと良質食材にこだわっている。あっさりとしたおいしさゆえ、食べ過ぎにご用心を。

浜松餃子学会
会長　齊藤公誉（さいとうきみたか）さん

実は会員が一番楽しんでる!?
浜松餃子学会の未来に期待

2008年、B-1グランプリに出場!

2007年浜松餃子まつり

‘05年に誕生した「浜松餃子学会」は、会員8名によりボランティア運営しています。全国に広めるため「浜松餃子マップ」作成のほか、原点の屋台売りを実践する「浜松餃子まつり」を毎年開催。今秋にはそれに合わせ全国から7つの餃子支援団体が集まり「全国餃子サミット」を開き、「G7」と題して餃子文化を熱く語り合いました! 今後は文化的な面に目を向ける予定です。今後の展開にご期待ください。

マスコットキャラクター「ちゃお」

「**石松餃子・大（20個）**」1050円

甘みの強いキャベツは季節ごとに仕入れ先を変え、1日の使用量は200個以上！野菜主体の軽い食べ心地がいい

このお店でも食べられます

※メニュー内容、価格は店舗によって異なります。

むつぎく

住 浜松市中区千歳町54-1 中央千歳ビル1F
☎053・455・1700　営 12：00～14：00、17：00～21：30※日曜、祝日～20：30　休 月曜、第3火曜
P なし　HP http://mutsugiku.jp/

福みつ

住 浜松市中区佐藤1-25-8
☎053・461・6501
営 11：00～22：00
休 水曜　P 30台

紀楽

住 浜松市北区細江町中川7172-1704
☎053・523・1714
営 11：00～14：30、16：00～21：00
休 月曜　P 20台

◆浜松餃子学会HPにて公認店が検索できます▶http://www.hamamatsugyouza.com/

浜松市

遠州焼き

山口屋菓子店

住浜松市中区助信町16-10
☎053・471・7893
営10：00～17：00
休日曜、祝日　P1台

ウスターソースとタクアン漬けが浜松流

浜松で「お好み焼き」と言えば、「遠州焼き」のこと。それは、広島とも関西とも異なる浜松独自のお好み焼きだ。小麦粉を水で薄めた生地に刻んだタクアン漬け、紅ショウガ、ネギを混ぜ、それを薄く鉄板で焼き上げる。火が通ったら2～3回折り、ウスターソースをかけて出来上がり。

遠州焼きの誕生は、満足な食糧物資が得られなかった戦後のこと。戦前関西から伝わった「一銭焼き」と呼ばれた薄焼きに、タクアン漬けを混ぜたのが始まりらしい。地元で収穫した大根のタクアン漬けは手軽に入手でき、その塩気・甘み・コリコリとした食感が、塩や砂糖すら希少だった時代、市民にウケたのだ。現在、お好み焼き店のほか、駄菓子屋でも食べられ、「山口屋菓子店」もそのうちの一つ。親子３代にわたり通う客もおり、ベーシックな遠州焼き「す焼き」にキャベツを挟んだ写真の「かんらん巻き」は、メニューには載っていないが常連客にはおなじみのメニューだ。

トリイソース

住浜松市中区相生町20-8
☎053・461・1575

遠州焼きに欠かせないのが老舗工場のこだわりソース

大正13年、浜松で創業した「トリイソース」。遠州焼きが生まれた時からウスターソースはお馴染みの存在だ。浜松市内で遠州焼きを提供する約90軒中、7～8割がトリイソースを使用し、数種類あるウスターソースを各店独自にブレンドするのが主流だが、4年前に「遠州風お好み焼ソース」を開発。地元素材を使用し、料理を引き立たせるソース作りはここでも生かされ、自社製の酢の酸味でさっぱりとした味わいに仕上げている。

「昔ながらのウスターソース」1.8ℓ1490円

今年発売されたばかりの新作「オムライスをおいしくするソース」200㎖420円

「遠州風お好み焼きソース」200㎖370円

トリイソース３代目の鳥居大資（だいし）さん

「かんらん巻き」350円～

生地の間にキャベツを挟んだこちらは初代が考案したもの。タクアン漬けとキャベツの食感がポイント

このお店でも食べられます

※メニュー内容、価格は店舗によって異なります。

か祢古（かねこ）

住浜松市中区鴨江1-30-21
☎053・452・8728
営11:30～20:30
休不定休　P5台

お好み焼き工房 こはち亭

住浜松市南区飯田町1422
☎053・425・4762　営11:30～14:30（14:00LO）、17:30～22:00（21:30LO）
休水曜　P7台
HP http://maximunthehormone.hamazo.tv/

もんじゃ焼 季余（きよ）

住浜松市西区志都呂町5496-1
☎053・440・9415
営11:30～15:00、18:00～22:00
休なし　P20台
HP http://www.just.st/302799/

COLUMN

浜松人は全国屈指のカツオ好き

静岡県人にとってカツオはとても馴染み深い魚だが、浜松人はさらにスゴイ。なんと1世帯当たりのカツオの年間支出額が4102円で、高知についで全国第2位という輝かしい数字を誇っているのだ(平成21年家計調査より)。

確かに、春には「もちがつお、あります」と書かれた紙が市内あちらこちらの魚店、飲食店に貼られ、ウキウキワクワク、シーズン到来とばかりにモチモチとした食感を楽しむ。そして秋は暖流をたどって戻ってきた「下りがつお」の脂がのった引き締まった身のとろける食感を味わう。これも、遠州灘、舞阪港がすぐ

期間中はスーパーなどでもかつお祭りが展開される

浜松かつお祭り実行委員会
事務局/浜松市食品衛生協会
☎053・453・6157

「モチガツオ」or「下りガツオ」あなたはどっち派?

2010年9月18日~10月31日、第3回「浜松かつお祭り」が開催された。これは浜松市内の飲食店有志(今回は約100店)が参加し、期間中、とっておきの店自慢のカツオ料理を提供しちゃいますという、なんともおいしい祭り。次の開催は2011年春、毎年春と秋の開催が予定されているそうだ。

近くにあるおかげで、しっかりとおいしいカツオの食文化が根付いている。

春と秋年2回開催の「浜松かつお祭り」

そこで生まれたお祭りが「浜松かつお祭り」。第1回は2009年9月19日～10月31日に開催され、第2回は2010年の5月1日～31日。毎年春と秋に開催される、いわば一大カツオキャンペーンだ。気軽にカツオを楽しんでもらおうと浜松市食品衛生協会が音頭をとり開発したシンボルメニューは「浜松かつお月見海鮮丼」「浜松かつおステーキ丼」「浜松かつお手こねずし」の3種だが、もちろん、各店のオリジナルメニューもいろいろあるし、シンプルに刺身を楽しむのもいい。

参考までに市内の3つの店からオススメのカツオ料理を紹介しよう。まずは中区市役所近くの「べん松」。浜名湖で揚がった旬の魚が食べられる老舗和食店ならではの「浜松かつお手こね寿司」はまさに目にもおいしいカツオ料理だ。次いで浜松駅近くのわっぱめしで知られる「藤いち」は、「浜松かつおステーキ丼」。天竜区二俣の寿司会席の店「寿司豊」のオススメは「戻りがつお海鮮丼」。次のカツオシーズン、「浜松かつお祭り」にぜひ一度ご賞味を。

《べん松》
「浜松かつお手こね寿司」1人前840円（写真は2人前）

《藤いち》
「浜松かつおステーキ丼」840円（味噌汁付き）

《寿司豊》
「戻りがつお海鮮丼」950円（味噌汁付き）

味ごよみ べん松
住浜松市中区尾張町124-27
☎053・452・6529
営17:00～22:00（21:00LO）
※昼は予約制　休月曜
P6台（ほか駐車場あり）
HPhttp://www.hakusa.com/ben/

藤いち
住浜松市中区肴町313-20
☎053・452・2793
営11:30～14:00、17:30～22:00　休日曜　P1台

ふたまた 寿司豊
住浜松市天竜区二俣町二俣1557
☎053・925・2848　営昼夜とも時間応相談の予約制（前日までに予約を）※「戻りがつお海鮮丼」はランチのみ　休不定休　P13台
HPhttp://sushitoyo.jp

おうちDEレシピ

ご当地「とっておきごはん」に、チャレンジしよう!

地元の食材を使った、ご当地発の、「とっておきごはん」、
その作り方を教えてもらいました。
食材はいずれも簡単に手に入りやすいものばかり。
ぜひお試しを。

焼津流 かつお飯

「かつお飯」と聞くと、ちょっと難しそうだが、これが拍子抜けするほどカンタン!特別な包丁さばきもいらないし、材料もいたって定番。それなのに、カツオの風味としょう油の香りが食欲をそそる絶品が完成。カツオの刺身と一緒にカツオ三昧なんていうのもいい。

材料(5合)

カツオ(血合いは取り除く) 800g～900g

A
- しょう油 0.5合
- 酒 0.5合
- カツオ昆布だし 4合
- 化学調味料 少々
- 塩 小さじ1杯

ショウガ 50g
米 5合
シメジ 200g

※事前にカツオを漬け込んでおく漬け汁はしょう油と酒(カツオが浸るくらい)と、ショウガ、ローリエの葉2枚。

作り方

1. 米をとぎ1時間水に浸しておく。
2. カツオは1cm角に、ショウガは薄くスライス。
3. 漬け汁にカツオ、ショウガ、ローリエの葉を入れ、1時間ほど置く。
4. 水切りした米を釜へ。
5. 3をざるにあげ、ローリエの葉を取り除き4へ。さらにA、ほぐしたシメジを入れ軽く混ぜる。
6. 炊飯器で白米を炊くのと同じように炊く。

◆指導協力/焼津の味 家庭割烹 どんた久(どんたく)
住焼津市焼津4-14-1 ☎054・629・2745

三ヶ日流 みかんごはん

静岡人なら馴染みの深い三ヶ日みかんを使った、香り豊かなさわやかごはん。そのまま食べるのはもちろん、カレーのライスとして使うのもオススメ。「みかんごはん」にみかん酢をプラスして酢飯を作り、いなりずしにしたり、パエリアのサフランライスの代わりにしてもOK。

材料（3合）
みかんペースト 米1合に対して大さじ６杯程度
水 560cc
米 3合

作り方（ごはん）

1. 米をとぎ1時間水に浸しておく。
2. 水切りした米を釜へ。
3. さらに水、みかんペーストを加え、軽く混ぜる。
4. 炊飯器で白米を炊くのと同じように炊く。

作り方（みかんペースト）

1. みかんを水にしばらくつけ、よく洗い、ヘタを取り除き、粗切り。皮ごとミキサーへ。※農薬のかかってないみかんを使用するのがいいが、なければ皮を剥いて使ってもいい。
2. 目の細かい金ざる（または金属製のコーヒーフィルター）で濾し、みかんペーストを作る
※多めに作り、トマトケチャップと1対1で合わせ、みかんケチャップを作るといい。

◆指導協力／ステキみっかび発信プロジェクト
☎053・525・0153（フードランド）

岡部流 玉露茶飯

玉露の産地・岡部の味、「玉露茶飯」。なんとも上品な響き！まさに和食コースの〆にふさわしい一品だが、家庭でも実に簡単に作ることができる。お茶の香りと色を楽しむために、合わせる料理は季節の煮物や吸い物がオススメ。やや薄めの味のものと相性がいい。

材料（3合）
A ｜ 玉露パウダー 大さじ1杯
　 ｜ 昆布だし粉末 小さじ1杯
　 ｜ 塩 中さじ1杯
水 560cc
米 3合
※米はコシヒカリ系の少し粘り気のあるものを使うのがいい。玉露パウダーがない場合は「ゆとり庵」に問い合わせを。取り寄せ可能。

作り方

1. 米をとぎ1時間水に浸しておく。
2. 分量の水にAを加え、泡立て器でしっかり混ぜる。
3. 水切りした米を釜へ。
4. さらに2を加え、軽く混ぜる。
5. 炊飯器で白米を炊くのと同じように炊く。

◆指導協力／釜炊きごはん工房 ゆとり庵
住藤枝市岡部町岡部839-1 ☎054・667・2827

企画・編集　静岡新聞社 出版部

スタッフ

海野志保子・梶　歩・倉澤清和
小林紀子・桜田亜由美・鈴木祐子
鈴木三千代・瀧戸啓美・永井麻矢
南篠亜紀子・水口彩子・溝口裕加

デザイン

komada design office

ぐるぐる文庫　B級ご当地グルメ本

2010年11月26日　初版発行

著　者　静岡新聞社
発行者　松井純
発行所　静岡新聞社
〒422-8033　静岡市駿河区登呂3-1-1
TEL　054-284-1666

印刷・製本　大日本印刷株式会社

ISBN978-4-7838-1916-5　C0036

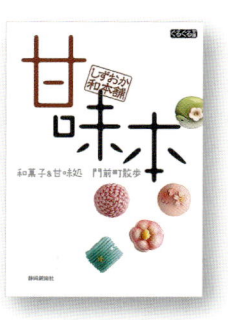